El Sendero de Lágrimas

Una guía apasionante sobre la expulsión de los choctaw y chickasaw, las guerras seminolas, la disolución de los creek y la reubicación forzosa de la tribu cheroqui

© Copyright 2023

Todos los derechos reservados. Ninguna parte de este libro puede ser reproducida de ninguna forma sin el permiso escrito del autor. Los revisores pueden citar breves pasajes en las reseñas.

Descargo de responsabilidad: Ninguna parte de esta publicación puede ser reproducida o transmitida de ninguna forma o por ningún medio, mecánico o electrónico, incluyendo fotocopias o grabaciones, o por ningún sistema de almacenamiento y recuperación de información, o transmitida por correo electrónico sin permiso escrito del editor.

Si bien se ha hecho todo lo posible por verificar la información proporcionada en esta publicación, ni el autor ni el editor asumen responsabilidad alguna por los errores, omisiones o interpretaciones contrarias al tema aquí tratado.

Este libro es solo para fines de entretenimiento. Las opiniones expresadas son únicamente las del autor y no deben tomarse como instrucciones u órdenes de expertos. El lector es responsable de sus propias acciones.

La adhesión a todas las leyes y regulaciones aplicables, incluyendo las leyes internacionales, federales, estatales y locales que rigen la concesión de licencias profesionales, las prácticas comerciales, la publicidad y todos los demás aspectos de la realización de negocios en los EE. UU., Canadá, Reino Unido o cualquier otra jurisdicción es responsabilidad exclusiva del comprador o del lector.

Ni el autor ni el editor asumen responsabilidad alguna en nombre del comprador o lector de estos materiales. Cualquier desaire percibido de cualquier individuo u organización es puramente involuntario.

Índice

INTRODUCCIÓN 1
CAPÍTULO 1: LAS CINCO TRIBUS CIVILIZADAS 2
CAPÍTULO 2: ORÍGENES SINIESTROS 10
CAPÍTULO 3: LA LEY DE TRASLADO FORZOSO DE INDIOS DE 1830: CAUSAS Y CONSECUENCIAS 17
CAPÍTULO 4: LA RESISTENCIA SEMINOLA: ESTO SIGNIFICA LA GUERRA 23
CAPÍTULO 5: EL DESTINO MANIFIESTO: JACKSON, VAN BUREN Y EL TRATADO DE NUEVA ECHOTA 27
CAPÍTULO 6: ATAQUE A LOS MUSCOGUI (CREEK) 35
CAPÍTULO 7: ¿LA MARCHA DE LA MUERTE ORIGINAL? EL SENDERO DE LÁGRIMAS 39
CAPÍTULO 8: IMPLICACIONES LEGALES Y RECONSTRUCCIÓN DE LA TRIBU CHEROQUI 49
CAPÍTULO 9: LEGADO HISTÓRICO 54
CAPÍTULO 10: FIGURAS LEGENDARIAS 62
CAPÍTULO 11: LA EXPULSIÓN DE LOS NATIVOS AMERICANOS: CRONOLOGÍA 81
CONCLUSIÓN 90
EPÍLOGO 91
VEA MÁS LIBROS ESCRITOS POR ENTHRALLING HISTORY 95
BIBLIOGRAFÍA 96

Índice

Introducción

Este libro narra la historia del enfrentamiento entre las tribus de nativos americanos que ocuparon el sureste de Estados Unidos durante el siglo XIX y los colonos europeos que llegaron a América huyendo de la persecución religiosa. Debido a su ansia de tierras y beneficios, los ricos «land-jobbers» (especuladores de tierras) atrajeron a los colonos hacia el oeste, diezmando a los nativos americanos que se encontraban en su camino. Se hicieron muchos tratados con el gobierno estadounidense, algunos por acuerdo tribal, otros por disidentes que decían hablar en nombre de toda la tribu y otros por buscadores de oro y acaparadores de tierras sin escrúpulos respaldados por políticos corruptos que querían la tierra para ellos.

A menudo, cuando los colonos incumplían los tratados y ocupaban tierras de los nativos americanos, el gobierno pasaba por alto estas violaciones, con la esperanza de evitar un conflicto con los estados. Dada la posterior resistencia de los nativos americanos a la invasión de sus tierras y la respuesta de las milicias estatales y del ejército estadounidense, junto con la masacre y el desplazamiento resultantes de muchas tribus, debemos preguntarnos: «¿Era inevitable esta muerte y destrucción de las naciones indias americanas? ¿Podrían haberse llevado bien los nativos americanos y los colonos, preocupándose mutuamente por su bienestar mientras compartían la tierra?».

Estas son las preguntas sobre las que reflexionaremos en este libro, y giran en torno a la vieja cuestión de la codicia humana, para la que quizá no haya respuesta.

Capítulo 1: Las Cinco Tribus Civilizadas

Los Cheroqui

Cualquier historia que tenga que ver con las tribus nativas americanas debe comenzar con las que se han denominado las Cinco Tribus Civilizadas, aquellos esforzados agricultores y pastores que vivían principalmente en los estados del sur de Estados Unidos. Estas tribus eran la Cheroqui, la Choctaw, la Muscogui (creek), la Chickasaw y la Seminola. Se ganaron su nombre porque adoptaron la cultura estadounidense con más facilidad que otras tribus, lo que los llevó a ser considerados «civilizados» a los ojos del gobierno estadounidense.

Como nota, lo que sigue es un breve resumen de las tribus, por lo que le animamos a aprender más sobre sus culturas. La mejor manera de comenzar su investigación es visitar los museos y centros culturales locales de los nativos americanos.

Empezaremos por la Nación Cheroqui, la tribu más numerosa de Estados Unidos en la actualidad. Fueron los que opusieron mayor resistencia a los intentos del gobierno de desplazarlos de sus tierras ancestrales.

Los cheroquis eran un grupo étnico unido por el parentesco (clanes) cuyos miembros hablaban la lengua iroquesa. Tenían aldeas en el norte de Georgia, en las montañas Blue Ridge y, en menor medida, en el curso superior del río Savannah. Mantenían amplias relaciones, aunque no siempre amistosas, con los creek y los saponi, que vivían en la zona del Piamonte, en la frontera entre Carolina del Norte y Virginia. Los cheroquis eran la tribu más populosa al este del Misisipi, y sus clanes se extendían por las Carolinas, Georgia, Alabama y Tennessee[1].

Una nación Cheroqui era una confederación de pueblos bajo un jefe supremo de guerra o un jefe supremo de paz. Los nativos de los pueblos rojos (de guerra) estaban bajo el mando del jefe supremo de guerra, y los nativos de los pueblos blancos (de paz) estaban gobernados por, ya lo ha adivinado, el jefe supremo de paz.

Los cheroquis, como muchas otras tribus, se unieron para luchar contra la invasión de los colonos blancos. Sin embargo, tenían un sistema único de creencias, incluida la Danza del Oso (Yona), en la que bailaban alrededor de una hoguera u olla con calabazas y sonajas de caparazón de tortuga.

Otra cosa que distinguía a los cheroquis de otras tribus era el hecho de que tendían a ponerse del lado de los británicos en el comercio y la guerra, lo que los hizo entrar en conflicto con las colonias cuando estas se expandieron hacia el oeste. Como los colonos invadían las tierras de los nativos americanos, les negaban el acceso a sus cotos de caza, destruyendo así el sustento económico del que dependían. Los británicos involucraron a los cheroquis en varias guerras. Por ejemplo, lucharon contra los yamasi en 1715 en Carolina del Sur, lo que condujo a una guerra de cuarenta años entre los cheroquis y los creeks[2].

Sin embargo, en 1759, británicos y cheroquis estaban enfrentados. Estalló una guerra abierta porque los cheroquis consideraban que no habían sido recompensados por sus esfuerzos para ayudar a los británicos contra los franceses y otras tribus nativas americanas. Durante la guerra Anglo-Cheroqui (1758-1761), cada bando acusó al otro de traiciones durante la guerra franco-india. Los británicos quemaron aldeas y masacraron a los cheroquis, y estos atacaron a los colonos.

Con el Tratado de Long Island del Holston (1777) se alcanzó una paz temporal, ya que los cheroquis recibieron Long Island a cambio de renunciar a sus reclamaciones en el este de Tennessee. Con el tiempo, los cheroquis volvieron a ponerse del lado de los británicos contra los colonos, y fueron perseguidos y masacrados por las milicias sureñas. Un valiente guerrero cheroqui llamado Dragging Canoe continuó la lucha

---

[1] Boulware, Tyler. "Indios Cherokee". Nueva Enciclopedia de Georgia, 20 de enero de 2009, https://www.georgiaencyclopedia.org/articles/history-archaeology/cherokee-indians/.
[2] Ibid.

después de que se violaran numerosos tratados y se perdieran más tierras. Durante diez años después de la Revolución estadounidense, Dragging Canoe lideró a los cheroquis de Chickamauga en un último esfuerzo por colaborar con los británicos y otras tribus nativas americanas, pero los guerreros cheroquis se vieron finalmente obligados a abandonar la lucha.

La «Carretera Federal», el camino principal desde el sur de Georgia hasta Knoxville, Tennessee, era la puerta de entrada al Oeste. En su segundo mandato, el presidente George Washington la designó ruta postal hacia el Oeste, pero en 1806, en virtud del Tratado de Tellico, los cheroquis cobraban 1.600 dólares por transportar viajeros a través del territorio cheroqui. Con el tiempo, los colonos invadieron las tierras de los cheroquis y acabaron con sus cotos de caza, lo que acabó provocando su desplazamiento a Oklahoma[3].

Antes de este traslado, muchos jefes cheroquis se resistieron a los esfuerzos de traslado, señalando el Tratado de Hopewell (1785), que establecía las fronteras entre EE. UU. y la Confederación Cheroqui. El jefe cheroqui John Ross lideró el grupo de resistencia conocido como el Triunvirato Cheroqui, formado por él mismo, Charles Hicks y Major Ridge. Juntos elaboraron el Tratado de 1819, en el que el gobierno ayudaba a los cheroquis que aceptaban ceder tierras en el sureste a cambio de tierras al oeste del Misisipi.

El «Partido de la Paz», los líderes cheroquis que querían que la Nación Cheroqui se trasladara a Oklahoma, se opuso a los deseos del jefe John Ross al negociar el Tratado de Nueva Echota en 1835, que acordaba el traslado de todos los cheroquis más allá del Misisipi. Aquellos cheroquis disidentes, liderados por Major Ridge, que antes se había puesto del lado de John Ross, pagarían más tarde el precio de sus acciones fraudulentas. Su hijo, John Ridge, y su sobrino, Elias Boudinot, que también firmaron el tratado, también perderían la vida.

Así, la Nación Cheroqui dejó de existir como cuerpo unificado en el sureste estadounidense debido a la guerra, el hambre, las enfermedades y la pérdida de sustento económico. Tras varios años de desacuerdos con el Partido de la Paz y el Triunvirato Cheroqui, los que aún no se habían marchado acordaron finalmente trasladarse a Oklahoma. John Ross viajó a Washington para negociar la retirada de los cheroquis restantes, y el gobierno federal les proporcionó dos millones de dólares

---

[a] Ibid.

para su viaje al oeste.

Los choctaw

Los choctaw eran originarios de México y del oeste de EE. UU. y vivían en el valle del río Misisipi, a lo largo del camino forestal Old Natchez Trace, que era la principal ruta comercial entre las fronteras oriental y meridional. Esta zona, las áreas boscosas del sureste de Alabama, Misisipi y Luisiana, era la patria de esta tribu de guerreros muskogeanos.

Su vida giraba en torno a la agricultura. Los choctaw cultivaban maíz y judías, que comerciaban con otras tribus, con los europeos y con los estadounidenses. Jugaban al *stickball* y al chunky stone (*tchung-kee*), que utilizaban para «prepararse para la guerra o como alternativa a la guerra». En el juego chunky stone (traducción literal piedra en trozos), se hacían rodar piedras en forma de disco por el suelo. Luego, los jugadores lanzaban lanzas para ver quién se acercaba más[4].

Otro dato interesante sobre los choctaw es que encontraban atractivas las cabezas planas. Una de sus costumbres era atar una tabla o un saco de arena a la cabeza del niño al nacer para aplanar el cráneo hasta que quedara alargado como un balón de fútbol.

Los choctaw eran conocidos por tener una sociedad matriarcal y por su elaborada celebración de la cosecha, conocida como el Festival del Maíz Verde. La dieta de los choctaw incluía pescado, maíz, calabaza, ciervo, oso, nueces y judías. Todas estas materias primas eran valiosos activos comerciales.

Al igual que los cheroquis, los choctaw eran hábiles comerciantes, guerreros y consumidores, pero por desgracia también corrieron la misma suerte que las demás tribus desplazadas. Los choctaw se aliaron con los británicos en los siglos XVIII y XIX para establecer relaciones comerciales y de seguridad, pero en el proceso se vieron envueltos en guerras contra otras tribus. Finalmente, se aliaron con los franceses para diezmar a la tribu Natchez.

El jefe Pushmataha fue el choctaw más famoso. Luchó con los estadounidenses en la guerra de 1812 y negoció tratados con el gobierno estadounidense. Sin embargo, al final, todo fue en vano. Los especuladores monopolistas de tierras del noreste empezaron a vender parcelas en el valle del Misisipi, atrayendo a colonos a la zona, lo que

---

[4] "Early Choctaw History". https://www.nps.gov/natr/learn/historyculture/choctaw.htm.

provocó enfrentamientos con los choctaw.

Pushmataha fue honrado como general de brigada del ejército estadounidense y enterrado en el cementerio del Congreso.
https://commons.wikimedia.org/wiki/File:Pushmataha_high_resolution.jpg

Después de que el presidente Andrew Jackson aprobara la Ley de Traslado Forzoso de Indios de 1830, setenta mil choctaw recorrieron el Sendero de las Lágrimas, que atravesaba Georgia, Tennessee, Misisipi y Arkansas. Los choctaw fueron reunidos y ubicados en campamentos con poco tiempo para recoger sus pertenencias, por lo que a menudo no tenían ni mantas ni zapatos. Los puestos de aprovisionamiento cobraban precios elevados y a menudo eran asaltados por los colonos. Los cheroquis estaban mejor preparados, ya que contaban con médicos y depósitos de suministros a lo largo del camino, pero el viaje a Oklahoma seguía siendo arduo. Alrededor de cuatro mil cheroquis y unos tres mil choctaw murieron por el camino. Cabe señalar que el número de muertos varía mucho de una fuente a otra; en este libro hemos optado por utilizar las cifras más aceptadas.

Muscogui (Creek)

Al igual que los cheroqui y los choctaw, los creek también eran una tribu guerrera, aunque en estas tribus había algo más que la guerra. Uno de los líderes creek más notables fue el jefe Menawa, que significa «el gran guerrero», quien dirigió a sus combatientes del Palo Rojo (los que llevaban garrotes de guerra pintados de rojo) durante la batalla de Horseshoe Bend (actual Alabama) en 1814 y en la lucha contra las tropas del general Andrew Jackson en Enitichopco Creek.

Menawa era el jefe de Okfuskee y poseía grandes rebaños de ganado vacuno y porcino. Comerciaba con caballos y pieles con la gente de Pensacola, pero acabó indignándose por la invasión de tierras creek en Georgia y Alabama por parte de los colonos. Menawa empezó a asaltar asentamientos y pueblos para robar caballos, lo que lo enfrentó a las fuerzas del general Jackson en la Curva de la Herradura[5].

Los creek, como los cheroqui al norte y los choctaw al este, eran tribus agrícolas. Cultivaban maíz, judías, calabacines, calabazas, melones y boniatos. También tenían una empresa manufacturera en Columbus, Georgia, donde fabricaban cestas, cerámica y coloridas pieles de ciervo. Los creek también comerciaban con cera de abeja, pieles, miel y carne de venado.

La Confederación Creek se escindió después de que Jackson los derrotara en la Curva de la Herradura y los obligara a ceder la mitad de Alabama. El papel de Jackson en la batalla de Horseshoe Bend lo ayudó a llegar a la presidencia, donde promulgó una ley que trasladó a las tribus del sudeste al oeste del Misisipi. Se calcula que 3.500 creeks murieron en el Sendero de las Lágrimas[6].

Los chickasaw: Chikasha-Saya («Yo soy chickasaw»)

Los chickasaw eran muy aficionados a los tatuajes (pinturas de guerra), que creían que realzaban su espíritu guerrero. Los chickasaw eran feroces guerreros y se los conocía como los «espartanos del Misisipi». Participaron en muchas batallas con otras tribus y contra los colonos blancos[7]. Vivieron en Misisipi, Alabama, Tennessee y Kentucky hasta 1832, cuando se vieron obligados a trasladarse a Oklahoma.

Al igual que los cheroqui, los choctaw y los creek, los chickasaw eran una nación agrícola que comerciaba con británicos y franceses, pero en muchos aspectos eran diferentes de las demás tribus civilizadas. Tenían una red de pueblos en Alabama, Kentucky y Tennessee, y su capital estaba en Tishomingo, Misisipi. Los chickasaw establecieron leyes, religión, una constitución con un poder legislativo y ejecutivo, y elecciones populares.

Se dice que lucharon con los franceses contra los británicos en la guerra franco-india y que el Regimiento Montado Chickasaw acabó

---

[5] Braund, Kathryn. "Menawa". https://encyclopediaofalabama.org/article/menawa/.
[6] Haveman, Christopher. "Creek Indian Removal". http://encyclopediaofalabama.org/article/h-2013.
[7] "History: Chickasaw Nation". https://www.chickasaw.net/our-nation/history.aspx.

ayudando al Sur en la guerra de Secesión. Tras la guerra, se convirtieron en granjeros y ganaderos de éxito y construyeron escuelas, bancos y empresas en territorio indígena.

El Tratado de Doaksville de 1837 selló el destino de esta tribu seminómada. Los chickasaw fueron la última de las Cinco Tribus Civilizadas obligadas por el gobierno estadounidense a viajar por el Sendero de las Lágrimas. Entre quinientos y mil chickasaw murieron en el viaje.

Los seminolas

Los seminolas llegaron a lo que hoy se llama Florida mucho antes que los españoles. Los españoles los llamaban «*cimarrones*», que significa «salvajes» o «fugitivos», debido a que los seminolas eludían constantemente la captura. La tribu tenía miembros en toda Florida, Georgia y Alabama, y se designaban a sí mismos como pueblos no conquistados que buscaban liberarse de la conquista[8].

Los seminolas comerciaban con los españoles y, a su vez, estos les compraban cuero y ganado. Los seminolas eran conocidos por la costura, el patchwork, la construcción de chickees (un tipo de cabaña de madera) y la lucha con caimanes. Vivían en casas de paja de palma (chickees), vestían ropas ornamentales, celebraban el paso de las estaciones y practicaban sus formas ancestrales de música y danza[9].

Uno de sus grandes jefes guerreros era Abiaka, un jefe de guerra del clan Pantera. Se lo consideraba un gran curandero que se convirtió en jefe cuando otros eran demasiado viejos o habían emigrado. Abiaka, también conocido como Sam Jones, condujo a sus guerreros a las profundidades de los pantanos, donde pudieron luchar eficazmente contra los soldados estadounidenses. Abiaka era el jefe de los mikasuki (una tribu seminola-creek) y guio a su pueblo a través de los pantanos durante las muchas décadas de guerra. Siguieron de cerca a los soldados estadounidenses mientras navegaban por los pantanos, por lo que estos sufrieron constantes ataques sorpresa. Aunque en los pantanos abundaban las enfermedades, Abiaka conocía las hierbas medicinales y salvó la vida de sus hombres en numerosas ocasiones[10].

---

[8] "Introduction". https://www.semtribe.com/stof/history/introduction.
[9] "Seminole History". https://dos.myflorida.com/florida-facts/florida-history/seminole-history/
[10] "Abiaka (Seminole Indian Sam Jones) - One of the Greatest Medicine Men in History". https://worldprophesy.blogspot.com/2015/01/abiaka-one-of-greatest-medicine-men-seminole.html.

Abiaka utilizó la guerra de guerrillas o tácticas de ataque y huida para luchar contra los soldados estadounidenses. Una cocinera llamada Martha Jane declaró que, en una reunión con un general estadounidense en 1847, Abiaka supuestamente dijo: «Mi madre murió [aquí], mi padre murió aquí, y maldita sea si yo muero aquí también». Su resistencia a trasladarse a donde los colonos blancos querían que fuera era tan fuerte que supuestamente mató a su hermana cuando esta pensó en emigrar. Sentía tanto odio hacia los colonos blancos que a menudo tiraba el dinero que le ofrecían y se negaba incluso a mirarlos.

Debido a su determinación y habilidad como gran curandero y líder, Abiaka nunca fue capturado, por mucho que lo intentara el general Zachary Taylor, el último general que lo persiguió. Finalmente, Abiaka murió en los pantanos que amaba[11].

Unos quinientos seminolas permanecieron en Florida después de los combates, ya que Estados Unidos se cansó de su guerra con la tribu al no conseguir ningún progreso real. Sin embargo, muchos seminolas se marcharon voluntariamente o se vieron obligados a hacerlo.

---

[11] Ibid.

Capítulo 2: Orígenes siniestros

Con estos antecedentes básicos sobre las Cinco Tribus Civilizadas, podemos empezar a entender el choque de civilizaciones que tuvo lugar en Estados Unidos entre 1810 y 1860, un choque que afectó a más de cinco tribus. Entró en juego el elemento de la codicia, ya que los colonos blancos deseaban las tierras de los nativos. Los especuladores invadieron las tierras de los nativos en busca de oro y negociaron contratos para construir ferrocarriles. Se drenaron pantanos y se excavaron canales, todo a costa de las tribus nativas americanas, que perdieron sus cotos de caza y se vieron obligadas a huir a los pantanos y bosques de Norteamérica.

No importaba que los nativos americanos se europeizaran. El cristianismo se imponía cada vez más, desplazando a las religiones indígenas. Algunas tribus que antes dependían de la caza ahora se dedicaban a la agricultura, y muchas estaban desarrollando diferentes formas de gobierno. Mientras tanto, los colonos avanzaban hacia el oeste a gran velocidad, arrasando todo lo que encontraban a su paso. Los ricos especuladores y los gobiernos estatales, con la aprobación tácita del gobierno federal, se enriquecieron en el proceso.

La frase que Sam Bigotes le gritó a Bugs Bunny lo dice todo: «¡Hay oro en esas colinas!». El oro provocó la invasión de las tierras de los nativos americanos por parte de buscadores de oro y capitalistas adinerados que buscaban tierras para sus empresas. Muchos historiadores citan la búsqueda de oro del general William Tecumseh Sherman en California como el detonante de la Fiebre del Oro, que, a su vez, provocó una fiebre del oro en las tierras de los nativos americanos desde las Dakotas hasta California.

El enfrentamiento entre los nativos americanos y los colonos parecía inevitable, dada la llegada de los europeos y la «codicia» inherente a la búsqueda de riqueza material. Pero, ¿cómo se trataba a los nativos americanos antes del Sendero de Lágrimas?

Como hemos señalado antes, los seminolas estaban en Norteamérica antes que los españoles, y probablemente fueron los primeros en enfrentarse a la invasión de sus tierras por parte de los conquistadores liderados por Ponce de León y Hernando de Soto. Pero esa historia es para otro día. Un buen punto de partida sería el Tratado de Hopewell de 1785, firmado bajo la presidencia de John Hancock, presidente del Segundo Congreso Continental. Este tratado entre los cheroquis, choctaw y chickasaw, y el gobierno de Estados Unidos se firmó en Carolina del Sur. Según los términos del tratado, los nativos americanos cedían secciones de sus tierras a cambio de protección. El tratado pronto fue violado por los colonos invasores, y los líderes tribales se negaron a reconocer la soberanía de Estados Unidos o de los estados en los que vivían.

Unos años más tarde, en 1791, el presidente George Washington, al igual que Andrew Jackson cuarenta años después, hizo del «problema indio» una prioridad absoluta. Quería una política justa y, al igual que el presidente Jackson, puede que fuera sincero en su deseo de paz. Sin embargo, en ambos casos, la paz no estaba en las cartas[12].

Washington, que estaba comprando grandes extensiones de tierra, dio instrucciones a la Administración de Asuntos Indios para que siguiera los «grandes principios de justicia y humanidad», pero la administración pronto supo que el Congreso Continental ya había enfadado a los nativos americanos al ordenarles que se trasladaran al oeste del Misisipi. La opinión del secretario de Guerra Henry Knox se expresó en su informe oficial del 15 de junio de 1789, en el que «instaba a adoptar lo que creía una política justa y humana que reconociera los derechos de los indios al suelo, rechazara el principio de conquista y compensara a los indios por las tierras que cedieran»[13]. Pero en una carta de 1790 a Washington, aparentemente cambió de opinión, diciendo: «Incumbe a los Estados Unidos estar en condiciones de castigar todas las

---

[12] "Native Americans". https://www.mountvernon.org/george-washington/native-americans/.
[13] "Report of Henry Knox on the Northwestern Indians".

agresiones no provocadas»[14]. Esto puso a la administración en un dilema, y Washington acabó creyendo que los nativos americanos estarían mejor si se los separaba de los colonos blancos.

El presidente Washington decidió que el poder constitucional de elaboración de tratados, que debía llevarse a cabo entre el Senado y el presidente, debía aplicarse a los nativos americanos.

Cuando los shawnee, miami, ottawa, chippewa, iroqueses, fox y souk del valle del Ohio decidieron que estaban cediendo demasiada tierra, empezaron a resistirse a la expulsión. El presidente envió cinco mil soldados al mando del general «loco» Anthony Wayne para sofocar la rebelión. En la batalla de los árboles caídos (1794), la confederación de nativos americanos fue destruida. El Tratado de Greenville (1795) condujo a un periodo de paz, lo que permitió a Washington dirigir su atención hacia el sur para tratar los problemas entre Georgia y los creek, chickasaw, choctaw y cheroqui, cuatro de las llamadas «tribus civilizadas».

Los creeks no estaban de acuerdo con los tres tratados que habían firmado con Georgia, ya que se los había obligado a ceder veintitrés millones de acres (parte del sur de Georgia y la mitad de Alabama). Una delegación de veintiocho jefes viajó a Nueva York para las negociaciones y, en virtud del Tratado de Nueva York, recuperaron algunas de sus tierras arrebatadas por Georgia. Pero las estipulaciones que el gobierno de Washington incluyó en el tratado implicaban algo más que la paz. El tratado protegía a los creeks de Georgia, pero también establecía que debían «aculturarse y civilizarse» y formar parte de asentamientos en los que estarían sujetos a las leyes estatales.

El pensamiento de Washington, fruto de su temprana experiencia con los nativos americanos, lo llevó a creer que estos debían europeizarse, ya que ello les permitiría integrarse más fácilmente en la sociedad blanca y superar los prejuicios a los que se enfrentaban. Así, el tratado estipulaba que los creeks debían abandonar la caza y convertirse en «pastores y cultivadores».

Pero, de nuevo, al mirar hacia el futuro, George Washington tenía el mismo problema que Andrew Jackson y Martin Van Buren: una abrumadora afluencia de colonos blancos que se dirigían hacia la frontera occidental. Este es un hecho que los críticos de la expulsión de

---

[14] Knox, Henry. "To George Washington from Henry Knox". https://founders.archives.gov/documents/Washington/05-04-02-0353.

los nativos americanos no tienen en cuenta cuando fustigan a Andrew Jackson, a quien a menudo se acusa de genocidio debido a sus políticas de expulsión de los nativos americanos. Sin duda se puede argumentar a favor de culpar a los colonos, a los especuladores de tierras, a los codiciosos y despiadados barones del ferrocarril y a quienes impulsaron la expansión y el crecimiento de Estados Unidos para convertirlo en un imperio. Sin embargo, la mayor parte de la culpa suele recaer en los presidentes Jackson y Van Buren, este último continuó la política de Jackson.

Incluso en 1776, Washington y Knox temían que las tribus nativas americanas fueran aniquiladas por la avalancha de colonos, y Washington dijo: «Creo que nada que no sea una muralla china o una línea de tropas podrá contener a los traficantes de tierras y la invasión de colonos en el territorio indio»[15]. Así pues, si queremos hablar de genocidio o de los siniestros orígenes de la expulsión de los nativos americanos, tenemos que empezar por los colonos blancos y la expansión hacia el oeste. Sin embargo, tampoco hay que pasar por alto el doble lenguaje de los políticos y los sobornos que aceptaron de los ricos especuladores.

El historiador estadounidense Colin Calloway observa el lado más oscuro de George Washington para, en cierto modo, opacar su brillante armadura estadounidense. Como hemos dicho, Washington, al igual que Jackson, se opuso al traslado de los nativos americanos y afirmó que quería tratarlos humanamente permitiéndoles permanecer en sus tierras si accedían a reconocer el poder del Estado en el que residían, lo que, por supuesto, leo obligaba a negar su propia soberanía. Calloway rebate la idea de que Washington supiera que la expulsión de los nativos americanos era «inevitable» afirmando que «Washington sabía que debía construir su nación en tierras indias, y mediante la guerra y la diplomacia... sabiendo que la expansión hacia el oeste expulsaba a los indios y convertía las tierras tribales en Estados». Dice que los objetivos de Washington eran primero adquirir tierras y luego buscar justicia para los nativos americanos. Si se negaban a vender, Washington estaba dispuesto a hacerles la guerra. Calloway dice que Washington usó la palabra «extirpar», que significa «destruir». Extirpó a los iroqueses, que, a

---

[15] Genovese, Michael A. & Landry, Alysa. *US Presidents and the Destruction of the Native American Nations (The Evolving American Presidency)*. Palgrave Macmillian, 2021.

su vez, lo llamaron «Destructor de Pueblos»[16].

Otros historiadores nos cuentan que Washington invitaba a menudo a los jefes nativos americanos a cenar con él en su casa de Filadelfia. Calloway nos cuenta que tras una de estas reuniones con el jefe mohawk Joseph Brant, este advirtió a otros nativos americanos que Washington hablaba con lengua viperina. «George Washington es muy astuto, intentará engañarnos si puede. Habla muy suave, te contará historias bonitas y al mismo tiempo querrá arruinarte».

Señaló además que el Tratado de Nueva York contenía seis «artículos secretos» que los creek desconocían cuando firmaron el tratado con EE. UU., pero solo dos fueron ratificados por el Senado. Menos de un año después, Washington envió tropas para destruir las aldeas de nativos americanos del noroeste de Ohio porque se negaban a ceder sus tierras ancestrales. Calloway resume su ensayo diciendo que «las decisiones de Washington sentaron precedentes que aún perduran. Como padre de la patria, también fue el padre de las tortuosas, conflictivas y a menudo hipócritas políticas indias de Estados Unidos»[17].

En 1811, el general William Henry Harrison, futuro presidente de Estados Unidos, derrotó al jefe shawnee Tecumseh y a las tribus del noroeste en la batalla de Tippecanoe, en Indiana, frustrando la esperanza de Tecumseh de crear una Confederación del Noroeste. Después siguió la guerra de 1812, en la que muchas tribus de nativos americanos lucharon con los británicos. Otro futuro presidente, el general Andrew Jackson, llamado «Cuchillo afilado» por los nativos americanos debido a su crueldad, luchó contra los guerreros Palo Rojo de los creeks. Al final, se confiscaron veintitrés millones de acres de tierra de los creek.

Por último, en 1830, el presidente Jackson patrocinó la Ley de Traslado Forzoso de Indios, que acabó obligando a las tribus restantes, incluidos los seminolas de Florida, que ya habían cedido cuatro millones de acres en virtud del tratado de Moultrie de 1823, al oeste del Misisipi. Los seminolas de Florida fueron atacados por las milicias de Georgia y el ejército estadounidense, y fueron empujados más al sur, hacia los pantanos. Esto se debió a la naturaleza competitiva de su agricultura y a

---

[16] Calloway, Colin. "George Washington Lived in an Indian World, but His Biographies Have Erased Native People". https://longreads.com/2018/11/07/george-washington-lived-in-an-indian-world-but-his-biographies-have-erased-native-people.
[17] Ibid.

que las tribus nativas americanas utilizaban esclavos fugitivos para sus granjas, que las plantaciones necesitaban para cultivar sus cosechas. Los seminolas siguieron resistiendo incluso después de que se aprobara la Ley de Traslado Forzoso de Indios. La ley acabó provocando la segunda guerra Seminola (1835-1842), a la que siguió la tercera guerra Seminola de 1855, tras la cual la población seminola de Florida quedó reducida a unos pocos centenares.

La explosión demográfica de Estados Unidos convirtió la expansión hacia el oeste en una necesidad para los colonos, que se veían atraídos por los especuladores de tierras. El enfrentamiento entre especuladores de tierras y nativos americanos se produjo porque los especuladores veían a los nativos americanos como un escollo en el camino hacia el desarrollo social y económico. La idea del destino manifiesto trajo consigo oportunidades para la agricultura, la ganadería y la explotación forestal. Como tal, la idea del destino manifiesto, la idea de que la expansión estaba divinamente ordenada y era justificable, condujo a la expulsión de los nativos americanos de sus tierras ancestrales.

Emanuel Gottlieb Leutze, *Hacia el oeste, el curso del imperio sigue su camino* (estudio mural, Capitolio de Estados Unidos), 1861, óleo sobre lienzo, Smithsonian American Art Museum, legado de Sara Carr Upton, 1931
https://commons.wikimedia.org/wiki/File:Westward_the_Course_of_Empire.jpg

Históricamente, muchos estadounidenses destacados, como el presidente George Washington y el presidente James Madison, abogaron por la expansión hacia el oeste. Por supuesto, el presidente Andrew Jackson (1829-1837), el presidente Martin Van Buren (1837-1841) y el presidente James Polk (1845-1849) apoyaron la idea del destino manifiesto, término acuñado por el editor de periódicos John O'Sullivan hacia 1845.

La llegada masiva de europeos a la costa este, los especuladores de tierras que los empujaron hacia el oeste y la fiebre del oro contribuyeron a expulsar a las tribus nativas americanas de sus tierras natales.

Capítulo 3: La Ley de Traslado Forzoso de Indios de 1830: Causas y consecuencias

Aunque fueron muchos los factores que condujeron a la expulsión de los nativos americanos de sus tierras ancestrales, Leonard Carlson y Mark Roberts, en su artículo titulado «Indian Lands, Squatterism, and Slavery» (Tierras indias, ocupación ilegal y esclavitud), nos cuentan que los esclavistas del sur querían más tierras en el oeste para cultivar algodón, mientras que los fabricantes del norte, liderados por el Partido Whig, pensaban que la expansión hacia el oeste sería perjudicial para los negocios de Nueva Inglaterra. La disputa se recrudeció en el Congreso.

Mientras tanto, el presidente Andrew Jackson estudiaba la Ley de Traslado Forzoso de Indios. Los ocupantes ilegales se habían asentado en tierras de nativos americanos y exigían que se les permitiera comprar las tierras que ocupaban a bajo precio. Georgia, que tenía una gran población cheroqui, exigió que las tribus que reclamaban tierras georgianas fueran trasladadas al oeste para preservar su cultura y evitar su aniquilación a manos de los colonos y las milicias estatales[18].

La Ley de Traslado Forzoso de Indios otorgó al presidente Jackson la autoridad para intercambiar tierras al oeste del Misisipi por otras en las

---

[18] Carlson, Leonard A., y Mark A. Roberts. "Indian Lands, Squatterism, and Slavery: Economic Interests and the Passage of the Indian Removal Act of 1830". *Explorations in Economic History* 43.3 (2006): 486-504. Web. www.sciencedirect.com.ezproxy.liberty.edu.

que vivían los nativos americanos dentro de las fronteras estatales. A finales de la década de 1830, el gobierno comenzó a trasladar por la fuerza a los cheroquis y a otras tribus hacia el oeste a través de lo que se conoció como el Sendero de Lágrimas.

Hubo algunas personas que se opusieron a la Ley de Traslado Forzoso de Indios, entre ellas el congresista Davy Crockett, quien declaró que su voto en contra «no me avergonzaría en el día del juicio»[19]. El misionero cristiano y editor de periódicos Jerimiah Evarts utilizó su periódico para oponerse a la ley. El jefe cheroqui John Ross viajó muchas veces a Washington, D. C., para argumentar también en contra.

De niño, Davy Crockett creció en la salvaje frontera del actual este de Tennessee. Tras varias escaramuzas con sus compañeros de escuela y las reprimendas de su padre, el muchacho de fuerte carácter se escapó de casa a los catorce años, trabajando como sombrerero y conductor de ganado. En 1813 se alistó en la milicia de Tennessee para luchar contra la facción de los creeks, los Palo Rojos. Los Palo Rojos luchaban contra otros creeks y contra el gobierno de EE. UU., ya que se oponían con vehemencia a ser asimilados por los estadounidenses. Llevaron a cabo una masacre en Fort Mims, Alabama, en la que murieron o fueron capturados cientos de civiles. Durante la guerra Creek, Crockett fue explorador y cazador, pero estaba con el general Andrew Jackson cuando este masacró a más de doscientos Palo Rojos en el asentamiento creek de Tallahatchie.

Davy Crockett fue elegido miembro del Congreso en 1827, tras un periodo en la legislatura estatal, y utilizó su mordaz lengua para oponerse a la Ley de Traslado Forzoso de Indios de Jackson en 1830, contra la que votó. En una carta de 1834, arremetía contra el traslado forzoso de los cheroquis a Oklahoma por parte de Jackson y lamentaba que el vicepresidente Martin Van Buren llevara a cabo las políticas de Jackson sobre los nativos americanos. Crockett amenazó con trasladarse a las «tierras salvajes de Texas» si Van Buren era elegido. Debido a la airada oposición de Crockett a las políticas de Jackson sobre los nativos americanos, fue destituido en 1835. Enfadado por su derrota, pronunció su famosa frase: «Vosotros podéis iros todos al infierno, pero yo me iré a Texas». Y eso es lo que hizo, muriendo finalmente durante la batalla del

---

[19] "Davy Crockett on the Removal of the Cherokees, 1834".
https://www.gilderlehrman.org/history-resources/spotlight-primary-source/davy-crockett-removal-cherokees-1834.

Álamo en 1836.

A pesar de la vehemente oposición en todo el país, la votación en el Congreso fue de 102 a 97, con el acuerdo del Senado. Casi todas las Cinco Tribus Civilizadas fueron presionadas para trasladarse al oeste. No todos aceptaron pacíficamente, ya que no querían abandonar su hogar. En consecuencia, las milicias estatales y el gobierno respondieron con la fuerza militar. 46.000 nativos americanos fueron expulsados a la fuerza de sus hogares. Miles murieron de enfermedades y hambre[20].

A medida que la violencia continuaba, muchos estadounidenses que originalmente se oponían a la reubicación y favorecían la asimilación llegaron a estar de acuerdo con los que la apoyaban, no solo por razones económicas, sino también humanitarias. Abolicionistas, ministros, cuáqueros, bautistas, metodistas y otros cristianos argumentaron que los nativos americanos debían ser trasladados al oeste para preservar su cultura y asegurarse de que no serían exterminados por los colonos.

Un año antes de que se aprobara la Ley de Traslado Forzoso de Indios (1829), durante el polémico debate sobre la ley en el Congreso, un dramaturgo llamado John August Stone escribió *Metamora o El último de los wampanoags*, una obra que retrataba el conflicto entre los puritanos y los wampanoags en el siglo XVII. Presenta a un wampanoag llamado Metamora como un «salvaje» despechado y violento que declara la guerra a los colonos ingleses. Al final, mata a su mujer para protegerla de los invasores blancos, tras lo cual los colonos masacran a los wampanoags. (En realidad, los wampanoags fueron diezmados por la viruela y los conflictos en el siglo XVII. Su número rondaba los siete mil en 1610, pero se redujo a unos cuatrocientos solo diecisiete años después).

Los historiadores debaten si esta obra, popular en Nueva Inglaterra, echó leña al fuego en el debate para desplazar a los nativos americanos, sobre todo porque la historia resonaba con lo que estaba ocurriendo en aquel momento. El presidente Jackson promulgó la Ley de Traslado Forzoso de Indios solo un año después de que se estrenara la obra. Otros sostienen que Stone se aprovechó del clima de la época y utilizó ideales románticos para crear una obra popular.

No obstante, la mayoría de los entendidos reconocen la importancia de Metamora, como el historiador Donald B. Grose en su artículo

---

[20] "May 28, 1830 CE: Indian Removal Act". https://education.nationalgeographic.org/resource/indian-removal-act.

«Edwin Forest, "Metamora" y la Ley de Traslado Forzoso de Indios de1830». La obra se estrenó en un momento crítico de la historia de Estados Unidos y retrataba a un noble nativo americano atrapado en la batalla contra los colonos blancos que invadían las tierras de los nativos americanos. Grose escribe que fue una lucha forzada sobre los nativos americanos por la guerra de 1812, que «provocó un poderoso nacionalismo e igualitarismo en Estados Unidos». La obra muestra «el sentimiento a favor de la expulsión y la solución final; la expulsión de los nativos americanos para evitar su aniquilación»[21].

La obra fue escrita para un concurso que Edwin Forrest, un actor, había creado para encontrar una obra basada en un personaje nativo americano. Stone ganó el premio en metálico. Forrest basó su interpretación del personaje en un choctaw llamado Pushmataha, al que había conocido años antes. Stone basó el personaje en el rey Felipe o jefe Metacom, que luchó contra los ingleses en la guerra del rey Felipe.

Edwin Forrest como Metamora en 1829
Internet Book Archives Images, sin restricciones.
https://commons.wikimedia.org/wiki/File:The_autobiography_of_Joseph_Jefferson_(1890)_(14778655621).jpg

---

[21] Grose, B. Donald. "Edwin Forrest, 'Metamora,' and the Indian Removal Act of 1830". *Theatre Journal*, vol. 37, nº 2, 1985, pp. 181-91. *JSTOR*, https://doi.org/10.2307/3207064. Consultado el 18 de septiembre de 2022.

Metamora se representó en teatros de todo el país y reflejaba la ambivalencia de muchos con respecto al traslado de los nativos americanos, así como la lucha entre los humanitarios del noreste, partidarios de la asimilación, y los funcionarios federales y estatales, que consideraban mejor separar a los nativos americanos del hombre blanco.

Grose sitúa la obra en su contexto afirmando que «no se puede negar la actualidad del guion sobre los asuntos contemporáneos entre blancos e indios, ya que la obra y Forrest se vieron atrapados en veinte años de expansión blanca a expensas de las tierras y los derechos de los indios». El protagonista de la obra, Metamora, «ve la inmortalidad heroica en la derrota: "Estamos destruidos, ahora vencidos; ya no somos, pero somos para siempre"». Grose afirma que la obra retrata todas las características nobles del «salvaje», así como los rasgos opuestos del «diablo rojo»[22].

Con sus cimientos en el primitivismo renacentista, el estereotipo del noble salvaje ejemplificaba al nativo americano como una persona de belleza física y gracia natural, llena de un conocimiento intuitivo de la naturaleza y sus secretos. El noble salvaje era elegante de palabra, estoico y leal a sus amigos, parientes y seres queridos. Cuando este estereotipo entró en conflicto con la otra versión de los nativos americanos, el «demonio rojo», aquellos que solo buscaban la violencia y la destrucción de la civilización blanca, la gente no sabía cómo equilibrar las dos caras de la moneda. Para la mayoría, había tres métodos posibles: la victimización voluntaria, la aculturación y el exterminio.

Y ahí radica el quid de la compleja lucha entre los nativos americanos y los colonos blancos que tuvo lugar en Estados Unidos entre 1830 y 1850, aunque había empezado mucho antes. La situación era más compleja de lo que la mayoría cree, y *Metamora* es un buen ejemplo de la forma en que se mostraba a los nativos americanos. La obra muestra «al indio que a través de la aculturación... rechaza la indianidad y se convierte en blanco... pero no está dispuesto a reconocer su inferioridad y más tarde se convierte en un salvaje diabólico, el diablo rojo». Grose nos dice que el estereotipo también cumple la conceptualización europea del hombre salvaje del folclore. «Su salvajismo surgió tanto de su fracaso en ser blanco como de sus hazañas, pues el diablo rojo tiene la oportunidad de ser blanco y la rechaza enérgicamente»[23].

---

[22] Ibid.
[23] Ibid.

Por último, Grose señala que *Metamora* encaja con la idea del destino manifiesto y que retrata todos los conceptos raciales de los nativos americanos de la época: nómada, violento, traicionero, sádico y cobarde, lo que permitió al público del siglo XIX vitorear a Metamora como un noble salvaje y, al mismo tiempo, hacer que esperen su destrucción.

En su artículo «The Assimilation, Removal, and Elimination of American Indians» (Asimilación, traslado y eliminación de los indios americanos), Jessica Keating, de la Universidad de Notre Dame, amplía la idea de la asimilación, una idea que, según ella, se desarrolló a partir del movimiento de la Ilustración del siglo XVIII. Coincide con Grose en que estaba relacionada con la noción del destino manifiesto, la creencia de que Estados Unidos tenía el derecho divino de progresar y expandirse hacia el oeste. Pero el principal obstáculo a la expansión eran las tribus nativas americanas que ocupaban y bloqueaban las tierras necesarias para ese progreso. Y como la resistencia continuaba, el gobierno aprobó la Ley de Traslado Forzoso de Indios. Durante las siguientes décadas, los nativos americanos fueron trasladados forzosamente a reservas en Oklahoma[24].

---

[24] Keating, Jessica. "The Assimilation, Removal, and Elimination of American Indians". *The McGraph Institute for Church Life*, (2020).
https://mcgrath.nd.edu/assets/390540/expert_guide_on_the_assimilation_removal_and_eliminati on_of_native_americans.pdf.

Capítulo 4: La resistencia seminola: Esto significa la guerra

Con la entrega de Florida a España en 1783 en virtud del Tratado de París, los colonos blancos empezaron a emigrar a Florida para aprovechar las concesiones de tierras que ofrecía el gobierno español. Sin embargo, estas tierras fueron ocupadas por los seminolas, que atacaron a los colonos. El problema se agravó aún más por el hecho de que los esclavos fugitivos buscaron refugio en Florida, ya que aún no formaba parte de Estados Unidos. Eran perseguidos por milicias de Georgia que trataban de capturar a los esclavos fugitivos a la vez que buscaban tierras y ganado.

En 1816, soldados estadounidenses atacaron y destruyeron una guarnición que albergaba a esclavos fugitivos, matando a 270 personas. Los seminolas tomaron represalias atacando asentamientos a lo largo de la frontera entre Florida y Georgia. En 1817 estalló la primera guerra Seminola, después de que el general Andrew Jackson y sus fuerzas destruyeran el poblado seminola de Fowltown. Los seminolas tomaron represalias atacando Fort Scott, donde mataron a 43 hombres, mujeres y niños. Jackson continuó sus ataques contra los pueblos seminolas a lo largo del río Suwannee, capturando St. Marks, un puesto militar español, y la ciudad española de Pensacola.

En ese momento, España se dio cuenta de que Florida era una carga. Los españoles sabían que ya no podían proteger sus asentamientos y firmaron el Tratado Transcontinental (también conocido como Tratado

Adams-Onís) en 1819, por el que cedían Florida a EE. UU. El gobierno estadounidense controlaba la parte oriental del territorio y dos años más tarde reclamó Florida Occidental, que también había sido cedida en virtud del tratado[25].

El Tratado de Moultrie Creek, firmado en 1823 por los seminolas y Estados Unidos, establecía que los seminolas recibirían ayuda económica y una reserva de cuatro millones de acres en Florida Central si accedían a capturar y devolver a los esclavos fugados y a ceder todas sus reclamaciones sobre Florida. Pero para entonces, la animosidad entre los seminolas, que atacaban a los colonos a lo largo de la frontera entre Georgia y Florida, las milicias de Georgia, que realizaban incursiones en territorios de los nativos americanos para recuperar esclavos fugitivos, y el ejército estadounidense dirigido por Andrew Jackson, que atacaba e incendiaba aldeas de nativos americanos, era cada vez mayor. El tratado fue finalmente violado por todas las partes[26].

La segunda guerra Seminola (1835-1842) comenzó cuando un influyente guerrero seminola llamado Osceola asesinó a un agente indio llamado Wiley Thompson (era originario de Virginia, pero sirvió en el Senado de Georgia). Osceola recibió el nombre de Billy Powell al nacer. De niño vivió en Alabama con su madre muscogui. Lo más probable es que su padre fuera un escocés llamado William Powell. Billy y su madre se trasladaron a Florida cuando era niño. Su familia y otros creeks se unieron a los seminolas. Con el paso de los años, la invasión de los colonos blancos siguió empeorando. Tras el Tratado de Moultrie Creek, muchos seminolas, incluido Osceola (que obtuvo su nombre tras unirse a los seminolas), se adentraron en los territorios desconocidos de Florida.

Junto con otros jefes seminolas, como Alligator, Jumper, Coacoochee y Halleck-Tustennuggee, muchos guerreros seminolas lucharon contra el ejército estadounidense hasta que su número empezó a disminuir. Muchos fueron asesinados, capturados o trasladados a la fuerza hacia el oeste. En 1835, los seminolas intensificaron el conflicto masacrando a poco más de un centenar de soldados en una emboscada cerca de la actual Ocala. Esto se conoció como la masacre de Dade, llamada así por el general Francis Dade, que condujo a sus soldados a través de los

---

[25] "The Seminole Wars". https://seminolenationmuseum.org/history-seminole-nation-the-seminole-wars/
[26] Pauls, Elizabeth Prine. "Sendero de Lágrimas". Encyclopedia Britannica, 28 mar. 2022, https://www.britannica.com/event/Trail-of-Tears. Consultado el 24 de agosto de 2022.

pantanos hacia una emboscada. Los seminolas estaban escondidos en un terreno más alto, y el general Dade fue el primero en morir en la batalla.

Osceola y Coacooche fueron capturados en 1837 cuando el general Jesup engañó a los seminolas bajo una falsa bandera de tregua[27]. Un artículo de 1988 en el *Sun Sentinel* de Florida del Sur dice que el jefe Osceola fue llevado en el SS *Poinsett* a una prisión en Fort Moultrie, Carolina del Sur, donde murió. Su médico, Frederick Weedon, le cortó la cabeza y se la llevó a casa como recuerdo. Pero incluso con la captura y muerte del jefe Osceola, los seminolas siguieron resistiendo[28].

La tercera guerra Seminola (1855-1858) fue dirigida por un jefe seminola llamado Holata Micco, al que los colonos blancos y los militares llamaban Billy Bowlegs. La leyenda dice que se hizo patizambo por su afición a montar caballos españoles. Holata Micco, que significa «jefe caimán», fue el último jefe seminola establecido que lideró la resistencia contra la invasión blanca[29]. Dirigió una banda de doscientos guerreros y eludió la captura hasta el final[30].

Aunque Holata Micco había firmado el Tratado de Desembarco de Payne en 1832, que obligaba a todos los seminolas a trasladarse al oeste del Misisipi, se negó a abandonar Florida, alegando que había nacido allí y que allí moriría. Tras el tratado, Holata Micco y su familia vivieron en paz hasta que topógrafos e ingenieros destruyeron sus plataneros. Para él, estaba claro que los colonos no se detendrían y que la violencia era la única respuesta. Emprendió una guerra de guerrillas contra el ejército estadounidense, que, a su vez, atacaba las aldeas seminolas y rastreaba a los guerreros con sabuesos.

Tres mil seminolas ya habían sido deportados en barco desde Nueva Orleans, y la presión se intensificaba para trasladar al resto a Oklahoma. Desesperado por someter al jefe caimán, el gobierno envió al jefe Wild Cat de los seminolas del oeste para que instara al desafiante Bowlegs a trasladarse al Territorio Indio. A Bowlegs le ofrecieron diez mil dólares y mil dólares a cada uno de sus jefes. Al principio no aceptó, pero después de que su campamento fuera destruido en 1857, se doblegó

---

[27] "The Seminole Wars". https://seminolenationmuseum.org/history-seminole-nation-the-seminole-wars/
[28] McIver, Stuart. "Bring Me the Head of Osceola". *Sun Sentinel*. https://www.sun-sentinel.com/news/fl-xpm-1988-01-31-8801070155-story.html.
[29] "Third Seminole War". https://www.u-s-history.com/pages/h1156.html.
[30] African American Registry (AAREG), "Billy Bowlegs, Seminole Chief". https://osceolahistory.org/billy-bowlegs-iii-ahead-of-his-time/.

ante lo inevitable y cambió de opinión varios meses después.

En 1858, Bowlegs y casi otros doscientos seminolas se rindieron finalmente. En diciembre, volvió para convencer a los últimos seminolas de que se trasladaran al oeste. La gran mayoría de los seminolas no recorrieron el Sendero de Lágrimas, sino que fueron llevados en barco desde Nueva Orleans hacia el oeste.

En 1859, Holata Micco (Billy Bowlegs) llegó al territorio de Arkansas con sus dos esposas, un hijo, cinco hijas y cincuenta esclavos. Los negros liberados vivían en las comunidades seminolas y servían como consejeros, cazadores, guerreros e intérpretes. Pero como parte del proceso de asimilación a la cultura europea-estadounidense, las Cinco Tribus Civilizadas adoptaron la esclavitud. En la mayoría de los casos, se vieron obligados a renunciar a sus esclavos cuando fueron deportados, pero a Bowlegs se le permitió conservar a sus esclavos.

Tras la expulsión forzosa de Bowlegs y su familia, aún quedaban un par de centenares de seminolas que se negaron a abandonar Florida. Vivieron aislados hasta finales de la década de 1920.

Capítulo 5: El destino manifiesto: Jackson, Van Buren y el Tratado de Nueva Echota

Andrew Jackson, el futuro héroe militar y popular presidente demócrata, comenzó su ascenso a la cima a la edad de trece años, cuando fue arrestado en 1781 por los británicos por negarse a lustrar las botas de un oficial británico. Con el paso del tiempo, su madre murió de cólera mientras atendía a los soldados heridos en la guerra de 1812. Mientras tanto, su odio hacia los británicos se intensificaba. Jackson se hizo abogado y se trasladó de la frontera entre Carolina del Sur y Georgia a Tennessee, donde se convirtió en un rico terrateniente. Fue elegido miembro de la Cámara de Representantes, luego del Senado y, durante un tiempo, juez. Su popularidad lo llevó a ser nombrado general de división de la milicia de Tennessee. Jackson luchó en la guerra contra los británicos en 1812, donde ganó la batalla de Nueva Orleans, irónicamente con la ayuda de guerreros choctaw[31].

En 1814, con unos tres mil soldados estadounidenses y unos seiscientos aliados nativos americanos, Jackson luchó contra la facción Palo Rojo de los creeks, los que llevaban garrotes de madera pintados de rojo, unos meses después de que masacraran a los colonos en Fort Mims, Alabama. Los propios creeks estaban divididos, lo que, para

---

[31] Biography.com Editors. "Andrew Jackson Biography". A&E Networks. (2017). https://www.biography.com/us-president/andrew-jackson.

empezar, condujo a la guerra Creek. Los Palo Rojos, liderados por Peter McQueen y William Weatherford, querían unir a todas las tribus en una guerra contra Estados Unidos, pero los palos blancos, bajo el mando de Big Warrior, querían la paz.

Con el paso del tiempo, la guerra creek se convirtió en algo más grande y los Palo Rojos atacaron los asentamientos blancos. Para sofocar esta rebelión, Estados Unidos se alió con los guerreros Palo Blanco. La guerra culminó en la batalla de Horseshoe Bend, en la que murieron ochocientos guerreros Palo Rojos. El gobierno estadounidense confiscó veintitrés millones de acres a los creeks de Alabama y Georgia, a pesar de que muchos creeks habían luchado contra los Palo Rojos o se habían opuesto a ellos[32].

Tras la victoria de Jackson en Nueva Orleans, sus hombres lo apodaron «Old Hickory» (Viejo Nogal) por su dureza, y Jackson demostró este apodo cuando él y sus tropas marcharon a Florida, que aún era territorio español, y derrotaron a los seminolas en St. Marks y Pensacola en 1818. Esto le dio esencialmente el control de la parte occidental de Florida. En el Tratado Adams-Onís de 1819, España cedió oficialmente el territorio de Florida a Estados Unidos.

Tras ejercer como gobernador territorial durante dos meses, Jackson regresó a Tennessee para iniciar su carrera política. En 1824, el senador Jackson fue instado a presentarse a la presidencia, lo que supondría el inicio de su guerra contra lo que John Tyler llamó el «monopolio adinerado», es decir, los especuladores de tierras y sus aliados en el Congreso que querían un banco central estadounidense. Se beneficiarían de esta empresa, ya que el banco podría concederles préstamos.

Según Thomas DiLorenzo, en su libro *The Real Lincoln* (*El verdadero Lincoln*) los que se oponían a Jackson se separaron del Partido Demócrata-Republicano para convertirse en los Whig-Republicanos, mientras que Jackson y sus aliados siguieron siendo demócratas. Sus oponentes lo etiquetaron de «burro», y al presidente le gustó tanto el nombre que se convirtió en el símbolo del Partido Demócrata[33].

DiLorenzo nos cuenta que Jackson estaba en contra del sistema del mercantilismo británico, que en su opinión estaba siendo impuesto a

---

[32] Ibid.
[33] DiLorenzo, Thomas. The Real Lincoln: A New Look at Abraham Lincoln. Crown Forum, 2003.

Estados Unidos por los partidarios de un gobierno centralizado, en virtud del cual el Congreso subvencionaría a las empresas (bienestar corporativo). Jackson adoptó la opinión de James Madison de que «nunca se pretendió que la cláusula de bienestar general de la Constitución se convirtiera en una caja de Pandora para la legislación de intereses especiales». Así, se nos dice que cuando Jackson se convirtió en presidente, utilizó su poder de veto para eliminar todos los proyectos de ley de mejoras internas, refiriéndose a ellos como «cargar ... al gobierno con las pérdidas de la especulación privada sin éxito». DiLorenzo nos informa además de que, en el discurso de despedida de Jackson, este se jactó de haber «derrocado por fin ... este plan de gasto inconstitucional por influencia corrupta»[34].

Andrew Jackson también estaba en contra de los aranceles proteccionistas, que en su opinión favorecían a las grandes empresas, y presentó un proyecto de ley para abolir el colegio electoral, ya que estaba a favor del voto popular. También quería abolir la burocracia que permanecía en el poder cuando se elegía a un nuevo presidente, permitiendo su sustitución por aliados leales al nuevo presidente. En su batalla contra el Segundo Banco de los Estados Unidos, legado de defensores del gobierno centralizado como Alexander Hamilton y Henry Clay, Jackson trató de impulsar una carta bancaria a través del Congreso. El presidente Jackson tachó al banco de institución corrupta y elitista que manipulaba el papel moneda y tenía demasiado poder sobre la economía. En 1836, promulgó la Circular de Especies, que exigía el pago en oro y plata por la compra de tierras públicas.

Jackson ganó la batalla al final cuando el banco fue clausurado, pero tras la muerte del presidente William Henry Harrison después de solo un año en el cargo (1841), John Tyler continuó la lucha con los whigs sobre si un gobierno central fuerte sería más beneficioso que el aumento de los derechos de los estados. Este argumento había provocado la dimisión del vicepresidente del presidente Jackson, John Calhoun, cuando este se puso del lado de Carolina del Sur en la crisis de la anulación de 1832, en la que Carolina del Sur amenazó con separarse de la Unión por los elevados aranceles proteccionistas.

Las opiniones de Jackson enfurecieron a sus oponentes. Un pintor de casas intentó disparar al presidente en una ceremonia en el Capitolio, pero cuando la segunda pistola no se disparó, el Viejo Nogal se abalanzó

---

[34] Ibid.

sobre el hombre y lo golpeó con su bastón.

Andrew Jackson es quizás más recordado por la controvertida Ley de Traslado Forzoso de Indios de 1830, que condujo al Sendero de Lágrimas. En aquel momento, sin embargo, Jackson era un líder popular. Sin embargo, la realidad, según Alfred Cave en su artículo académico «Abuso de poder: Andrew Jackson y la Ley de Traslado Forzoso de Indios de 1830», fue que Jackson abusó de su poder como presidente al no hacer cumplir los tratados que ya existían y al confabularse con políticos demócratas, editores de periódicos, funcionarios estatales y agentes indios para aprobar la Ley de Traslado Forzoso de Indios.

En la mente de Jackson, los nativos americanos o bien vivían en naciones soberanas (que decían ser) o tenían que adherirse al Estado en el que vivían. Si eran naciones soberanas, entonces no se adherían a la Constitución y tenían que separarse.

Según Cave, la Ley de Traslado Forzoso de Indios no obligaba a los nativos americanos a trasladarse; les daba la opción de permanecer en sus tierras si reconocían los estados en los que vivían. Cave afirma que la Ley de Traslado Forzoso de Indios de 1830 «no autorizaba la derogación unilateral de los tratados que garantizaban a los nativos americanos derechos territoriales dentro de los estados, ni el traslado forzoso de los indios orientales». En otras palabras, el presidente hizo pasar la ley como si obligara a los nativos americanos a reubicarse en el oeste, cosa que no hacía y que no era lo que pretendía el Congreso, lo que según Cave fue un «abuso del poder presidencial». Por lo tanto, se nos dice que Jackson «hizo caso omiso de una sección clave de la ley» y también violó la Ley de Comercio e Intercambio de 1802, que permitía a los misioneros, maestros y comerciantes blancos operar en tierras de los nativos americanos[35].

Jackson estaba bajo la presión de la Junta Americana de Comisionados de Misiones Extranjeras de Boston. Este grupo era una espina clavada en el costado de Jackson, que contraatacó utilizando la Ley de Comercio e Intercambio de 1802 para denegar a los misioneros el acceso a las tierras de los nativos americanos. La ley prohibía a los ciudadanos entrar en territorio nativo sin licencia, y Jackson la vio como

---

[35] Cave, Alfred A. "Abuse of Power: Andrew Jackson and the Indian Removal Act of 1830". *The Historian*, vol. 65, nº 6, 2003, pp. 1330-53. *JSTOR*, http://www.jstor.org/stable/24452618. Consultado el 12 de septiembre de 2022.

una forma de evitar que los grupos humanitarios interfirieran en sus políticas relativas al problema de los nativos americanos.

Cave examinó el discurso pronunciado por Jackson en diciembre de 1830 ante el Congreso, en el que afirmaba que la emigración debía ser voluntaria «pues sería injusto obligar a los aborígenes a abandonar las tumbas de sus ancestros y buscar un hogar en una tierra lejana». Esta declaración parece demostrar que Jackson cambió de opinión respecto al traslado de los nativos americanos, afirmando que los derechos de los estados eran superiores al poder federal. Así, utilizó los derechos de los estados como una artimaña para eludir la cuestión y no hizo nada para proteger a los cheroquis del traslado por parte de los funcionarios de Georgia, ni tampoco actuó contra los gobiernos estatales de Alabama y Misisipi cuando trasladaron a los choctaw a tierras designadas en el oeste.

Cave sostiene además que Jackson ocultó su presión a favor del traslado de los nativos americanos siguiendo la política de su predecesor de conceder tierras al oeste del Misisipi a las tribus dispuestas a renunciar a ellas. Señala que la ley preveía 500.000 dólares para que Jackson pagara mejoras en casas, graneros y huertos, pero que ninguna parte de la ley autorizaba la confiscación de tierras de los nativos americanos que no hubieran cedido mediante tratado.

El secretario de Guerra, John Henry Eaton, informó a los líderes de la tribu cheroqui de que su «[reclamación] de derechos protegidos contra la invasión de Georgia no era más que concesiones temporales de privilegios concedidas por una potencia conquistadora —Estados Unidos— a un pueblo vencido»[36]. En esencia, el secretario de guerra estaba en lo cierto al afirmar que no se podía garantizar ningún tratado. Como consecuencia de la explosión demográfica y el posterior desplazamiento hacia el oeste de colonos, ocupantes ilegales, buscadores de oro y especuladores de la tierra, reforzados por la presión ejercida sobre el presidente Jackson por los funcionarios estatales, la expulsión de los nativos americanos era casi inevitable. Este argumento rebate el de Cave de que el presidente Jackson abusó de su poder. Incluso se puede argumentar que, si hubiera expulsado a los colonos blancos de las tierras de los nativos americanos, podría haber provocado que la guerra de Secesión empezara antes de 1860. Y, además, los congresistas que tenían el poder de crear tratados fueron igualmente responsables de

---

[36] Ibid.

violar la Ley de Traslado Forzoso de Indios de 1830. Cave nos dice que el Comité de Asuntos Indios de la Cámara de Representantes, aunque fue creado por demócratas partidistas, «desestimó la elaboración de tratados indios como nada más que un gesto vacío para aplacar la vanidad india»[37].

Según Cave, Jackson instó a sus partidarios, a los del Congreso y también a los editores de periódicos, a que presentaran la ley como una disposición para la «retirada voluntaria» con «remuneración por las tierras cedidas».

El representante demócrata Joseph Hemphill, de Pensilvania, propuso una enmienda que habría retrasado un año la aprobación de la ley, a la espera del informe de tres comisionados imparciales encargados de conocer los deseos reales de las tribus y certificar la idoneidad de las tierras occidentales designadas para su uso. Pero la ley fue aprobada, con el voto en contra de los cuáqueros y demócratas del norte, y el voto a favor de la mayoría de los demócratas del sur.

Es importante situar el argumento de Cave según el cual el presidente Jackson abusó de su poder en el contexto del clima social y político de la época. Si Jackson hubiera expulsado por la fuerza a los colonos blancos y a los ocupantes ilegales de los territorios de los nativos americanos para hacer cumplir los tratados, esto, junto con su postura contra Carolina del Sur en la controversia sobre la ley de anulación, habría inflamado a las facciones de los derechos de los estados que ya habían amenazado con separarse de la Unión.

Al resumir su tesis sobre la usurpación del poder por parte de Jackson, Cave señala la corrupción en el programa de expulsión, pero, de nuevo, podemos decir que el gobierno se encontraba en una encrucijada. Jackson podía reubicar por la fuerza a los nativos americanos en territorios al oeste del Misisipi o permitir que permanecieran en los estados, donde probablemente serían aniquilados.

Así pues, como decíamos en la introducción, la codicia fue un factor importante a la hora de expulsar a los nativos americanos, no solo por parte de los funcionarios corruptos del gobierno, sino también de los agentes indios y, en menor medida, de los jefes y otros nativos americanos dispuestos a aceptar dinero para ellos y para el reasentamiento de su tribu. Un poco de historia nos dice que las

---

[37] Ibid.

burocracias suelen ignorar los deseos de su presidente y que este se encuentra a menudo entre la espada y la pared, lo que sin duda fue el caso del presidente Jackson.

Para los que dicen que Jackson odiaba a los nativos americanos, el contexto de la época hace difícil estar seguros. Puede que sí. O quizá era un pragmático que creía que los nativos americanos estarían mejor si se trasladaban a tierras lejanas en Arkansas y Oklahoma, donde sus tribus pudieran vivir en paz. En cualquier caso, el legado de la democracia jacksoniana y el odio a los nativos americanos sigue vivo.

Andrew Jackson murió en 1845 de insuficiencia cardiaca e hidropesía. Sus esfuerzos serían continuados por Martin Van Buren, su antiguo secretario de Estado y vicepresidente, que llegó a la presidencia en 1837. Según el historiador Daniel Feller, se nos dice que Jackson estaba agradecido a Martin Van Buren por su ayuda en la dirección de la política exterior con Francia y Gran Bretaña y por su labor para deshacerse de la burocracia desleal sustituyéndola por demócratas leales[38].

Una caricatura política del presidente Andrew Jackson llevando al vicepresidente Martin Van Buren a la Casa Blanca
https://commons.wikimedia.org/wiki/File:The_rejected_Minister.jpg

---

[38] "Andrew Jackson Leaves Office: Martin Van Buren Becomes President" (2014). *Voice of America Multimedia Site*. https://learningenglish.voanews.com/a/andrew-jackson-van-buren/1775693.html.

El presidente Martin Van Buren continuó apoyando y llevando a cabo la Ley de Traslado Forzoso de Indios, alabando a su predecesor Andrew Jackson por sus esfuerzos para trasladar a los nativos americanos hacia el oeste. En 1837, calificó el desplazamiento de los nativos americanos de «política establecida del país» y dijo que era por su bienestar. En un mensaje al Congreso en 1838, Van Buren declaró que «una ocupación mixta del mismo territorio por el hombre blanco y el rojo es incompatible con la seguridad o la felicidad de ambos»[39].

En 1838, el presidente Van Buren envió al ejército a expulsar a los cheroquis que quedaban y que habían pedido más tiempo para prepararse. Unos cientos de cheroquis, sin la autoridad ni el conocimiento de los líderes tribales, habían firmado el Tratado de Nueva Echota en 1835, que establecía que los cheroquis renunciarían a sus tierras y se trasladarían al oeste del Misisipi en un plazo de dos años. John Ross, el principal jefe de los cheroquis, había rogado al Congreso que anulara el tratado, pero sus súplicas cayeron en saco roto. Casi todos los cheroquis se vieron obligados a trasladarse al oeste.

---

[39] Landry, Alysa. "Martin Van Buren: The Force Behind the Trail of Tears" (2018). *ICT. An Independent Nonprofit News Enterprise.* https://indiancountrytoday.com/archive/martin-van-buren-the-force-behind-the-trail-of-tears.

Capítulo 6: Ataque a los muscogui (creek)

Tras las numerosas guerras con las tribus nativas americanas del sudeste y la violación de numerosos tratados por parte del gobierno estadounidense, la negativa de los creeks que quedaban en Alabama a trasladarse tras su derrota en Horseshoe Bend enfureció al presidente Andrew Jackson, que se mostró decidido a expulsar a las tribus que quedaban al oeste del Misisipi. Los creeks ya habían sido expulsados de Florida y Georgia, y ahora el escenario estaba preparado para que los creeks restantes (Muscogui) fueran expulsados de Misisipi y Alabama.

Pero antes de entrar en la presidencia de Jackson y lo que hicieron con el «problema» creek, echemos un vistazo a uno de los líderes creek más prominentes. William McIntosh nació de padre escocés y madre senoia y vivió en la orilla oeste del Chattahoochee, en Georgia. Aprendió inglés por su cuenta y se integró sin problemas entre los colonos y los creeks[40].

William era conocido como Tustunnegge Hutker, o «Guerrero Blanco», por su participación en la guerra de 1812, durante la cual la Nación Creek se dividió en Lower Creek y Upper Creek. McIntosh se convirtió en el líder de los Lower Creek en el sur de Georgia, mientras que los Upper Creek residían en Georgia y Alabama. Cuando los Palo

---

[40] Bullman, James A. "William, McIntosh Creek Indian (Muskogean)". https://www.unknownscottishhistory.com/pdf/William_McIntosh_Creek_Indian_(Muskogean).pdf.

Rojos se separaron de los Upper Creek y exigieron que se mantuviera el liderazgo tradicional, los Creeks entraron en guerra entre sí. Sin embargo, esta guerra provocó la intervención de los colonos, el gobierno estadounidense y las milicias estatales.

Como hemos dicho antes, los colonos invadieron las tierras de los nativos americanos, y las tropas del gobierno y las milicias acudieron en ayuda de los colonos, quemando aldeas de nativos americanos y masacrando a guerreros, mujeres y niños. También promulgaron tratados que se incumplían constantemente.

Los nativos americanos no siempre adoptaban un enfoque diplomático pacífico, sobre todo porque, para ellos, parecía que no tendría ningún efecto. También masacraron a mujeres, niños y soldados e incendiaron asentamientos. Estas guerras fueron sangrientas y estuvieron cargadas de tensiones.

El jefe McIntosh fue uno de los nativos disidentes que negoció tratados con el gobierno estadounidense, a menudo sin la aprobación del Consejo Nacional Creek. A cambio, recibía grandes sumas de dinero y tierras para él. Sus acciones lo llevaron a entrar en conflicto con las tribus Upper Creek, que lo consideraban un traidor que cedía fraudulentamente territorio creek que no tenía derecho a ceder.

El primero de los tratados en los que participó McIntosh fue el Tratado de Fort Jackson de 1814. Este tratado se firmó después de que la facción Palo Rojo Creek fuera derrotada en la batalla de Horseshoe Bend. Los términos del tratado establecían que el Consejo Nacional Creek tenía que ceder veintitrés millones de acres de tierra en Alabama al gobierno estadounidense. El tratado puso fin a la guerra Creek y supuso la disolución de los Palo Rojos, que se vieron obligados a trasladarse con el resto de los creeks.

El jefe McIntosh luchó más de una vez del lado del gobierno, incluso en la lucha contra los seminolas. Por firmar el Tratado de Indian Springs en 1821, McIntosh recibió 1000 acres en Indian Springs, Georgia, y otros 640 acres en el río Ocmulgee. Cuando firmó el Tratado de Indian Springs en 1825, cedió todas las tierras creek de Georgia y gran parte de Alabama. El pago por ello fue de 400.000 dólares, de los que McIntosh recibió 200.000 y otros 25.000 por sus tierras en Indian Springs[41].

---

[41] Ibid.

Por desobedecer la ley del consejo, el jefe McIntosh fue perseguido por su viejo enemigo, el jefe Menawa de Upper Creek. En 1825, doscientos guerreros incendiaron la casa de McIntosh. Lo sacaron de las llamas, lo apuñalaron y lo mataron a tiros. Otros firmantes del tratado también fueron atacados.

Tras el asesinato del jefe McIntosh, el líder del Consejo Nacional Creek, Opothle Yoholo, y una delegación de Upper Creeks viajaron a Washington para apelar al «Gran Jefe Blanco», el presidente John Quincy Adams. Opothle dijo al presidente que el tratado se había firmado sin tener en cuenta el consenso del pueblo. El presidente dio la razón a la delegación de Upper Creek, diciendo que el Tratado de Indian Springs debía invalidarse.

Se estableció un nuevo tratado, el Tratado de Washington (1826), que otorgaba todas las tierras al este del río Chattahoochee a los creeks por un pago único de 217.600 dólares y una anualidad de 20.000 dólares. También proporcionaba fondos para que los creeks buscaran nuevas tierras al oeste del Misisipi y se reubicaran.

El gobernador de Georgia, George Troup, se enfureció ante este giro de los acontecimientos y comenzó a enviar topógrafos para cartografiar las tierras cedidas en virtud del Tratado de Indian Springs. También estableció una lotería para que los colonos ganaran adjudicaciones en las tierras en cuestión. El presidente Adams envió tropas para hacer cumplir el Tratado de Washington. Pero cuando Troup llamó a la milicia, Adams temió que estallara una guerra civil. Se echó atrás y permitió que la legislatura de Georgia renegociara el acuerdo, con lo que Troup se apoderó de todas las tierras creek en las fronteras de Georgia. En 1827, casi todos los creeks habían sido expulsados de Georgia, y varios años más tarde, muchos de los creeks restantes serían expulsados de Alabama[42].

El Tratado de Cusseta de 1832 dividió las tierras de los creeks en asignaciones, de modo que podían vender sus asignaciones por dinero para trasladarse al oeste o quedarse y obedecer las leyes estatales. A los ocupantes ilegales no les importó lo que decían los tratados y siguieron trasladándose a las tierras creek. En 1836, los creeks ya estaban hartos. Se rebelaron contra los especuladores de tierras y los ocupantes ilegales, dando inicio a la segunda guerra Creek.

---

[42] "Trail of Tears: Creek Dissolution" (2002).
https://www.liquisearch.com/trail_of_tears/creek_dissolution.

Durante este levantamiento de los creek en Alabama, estallaron todas las tensiones entre los especuladores de tierras, los colonos, los nativos americanos y el gobierno estadounidense. A medida que se tomaban más y más tierras de los nativos americanos, varias tribus empezaron a atacar y asesinar a los colonos blancos. Cuando el presidente Jackson se enteró de la noticia, envió a Francis Scott Key a evaluar la situación. Key informó de que había encontrado pueblos creciendo en tierras de los nativos americanos y documentó numerosos casos de fraude[43].

La situación estaba fuera de control, con ambos bandos cometiendo actos atroces. El presidente Jackson utilizó la violencia como justificación para trasladar a los creeks al oeste. Algunos fueron encadenados y llevados a Montgomery, donde fueron embarcados. Aquellos creeks que eran vistos como amistosos también fueron obligados a trasladarse.

---

[43] "The Creek War of 1836 in Alabama, Georgia, and Florida". https://exploresouthernhistory.com/secondcreekwar.html.

Capítulo 7: ¿La marcha de la muerte original? El Sendero de Lágrimas

El historiador William Higginbotham, que dice haber investigado durante veinte años los registros gubernamentales, militares y cheroquis, afirma que Gaston Litton, archivista de la Universidad de Oklahoma, dijo que un choctaw oyó la frase «Sendero de Lágrimas» utilizada por otro choctaw que hablaba con un predicador baptista. La frase se refería a una carretera en el Territorio Indio y, después de eso, el término se extendió como la pólvora. Higginbotham dice que los nativos americanos de mediados del siglo XIX nunca utilizaron el término y que se trata de un truco de prestidigitación de los marxistas culturales para calumniar a Andrew Jackson. Así es la historiografía revisionista, que generalmente contradice la versión de los guardianes del conocimiento histórico, pero incluso si lo que dice Higginbotham es cierto, la frase todavía puede aplicarse a la difícil situación de las Cinco Tribus cuando se desplazaron hacia el oeste[44].

Es cierto que los comisionados del gobierno, los colonos, los políticos y, en particular, el presidente Andrew Jackson argumentaron que sería mejor asentar a los nativos americanos en nuevas tierras en el oeste por

---

[44] Higginbotham, William. "Trail of Tears, Death Toll Myths Dispelled". *The Oklahoman*, 1988. https://www.oklahoman.com/story/news/1988/02/28/trail-of-tears-death-toll-myths-dispelled/62660437007/.

su seguridad y para evitar su aniquilación por los colonos y las milicias estatales. Higginbotham dijo que era «para evitar su extinción dado que muchas tribus del norte ya no existían». Otro punto en el que Higginbotham discrepa de la versión estándar del Sendero de Lágrimas es el número de los que murieron. Sostiene que en ninguna parte de los archivos consta que cuatro mil cheroquis murieran de camino a Oklahoma; según él, la cifra se sitúa probablemente entre cuatrocientos y ochocientos. Señala que los archivos de la Nación Cheroqui muestran que «el número de indios que partieron del este... se registró en 12.623 y el de los que llegaron al oeste en 12.783. Algunos rezagados se unieron en el camino».

También cita que T. Hartley Crawford dijo al secretario de guerra en 1840 que el número era de 447 y también señala que John Ross, el jefe cheroqui, nunca habló de un gran número de muertes en la marcha hacia Oklahoma, a pesar de sus muchos viajes a Washington. También se nos dice que el hermano de Ross era el proveedor del gobierno para los nativos americanos en ruta hacia el Territorio Indio en Arkansas y Oklahoma. Un médico de la Junta Americana de Comisionados para Misiones Extranjeras llamado Elias Butler, miembro de un grupo protestante de Harvard, fue enviado para atender a los enfermos. Supuestamente, fue él quien difundió el rumor de cuatro mil muertos, lo cual no eran más que rumores.

Otro punto que señala el historiador revisionista Higginbotham es la noción de que los cheroquis fueron «obligados» a marchar. Según él, la idea de que marcharon a punta de bayoneta en un frío invierno hacia el territorio de Oklahoma es incorrecta. Señala que los cheroquis abandonaron sus tierras natales de Georgia, Tennessee y las Carolinas por su cuenta después de solicitar más tiempo al general Winfield Scott para prepararse para el viaje. Cinco mil habían partido voluntariamente antes que ellos.

Higginbotham no niega que los nativos americanos sufrieran, pero también afirma que Jackson y Van Buren simpatizaban con los nativos americanos, ya que supuestamente creían que sería mejor para las tribus indígenas desplazarse hacia el oeste[45].

Sin embargo, hay que tener en cuenta que el traslado de las Cinco Tribus Civilizadas se produjo en una fecha muy posterior a la de, por ejemplo, los delaware, que se vieron obligados a desplazarse hacia el

---

[45] Ibid.

oeste, al valle del Ohio, a finales del siglo XVIII. Los cheroquis estaban mejor preparados, ya que tenían como líder a John Ross, un jefe culto que hablaba inglés. Además, como nos recuerda Higginbotham, los cheroquis recibieron inicialmente 2,9 millones de dólares por el traslado, cantidad que aumentó a 3 millones en 1849 gracias a la persistencia de John Ross.

A finales del siglo XVIII, los delaware se vieron obligados a abandonar el noreste en dirección al valle del río Ohio, en parte por miedo a la ira de los colonos y en parte porque se veían envueltos en las diversas guerras estadounidenses. No recibieron fondos para desplazarse, no había médicos que los acompañaran ni depósitos de suministros en el camino. Los historiadores cuentan que los delaware, que vivían en partes de Nueva York y Pensilvania, fueron conducidos hacia el oeste por misioneros y custodiados por tropas estadounidenses, lo que significa que fueron forzados violentamente y mediante tratados fraudulentos a abandonar sus hogares ancestrales. A menudo, los jefes firmaban los tratados con una «X», sin comprender las ramificaciones del documento y con la esperanza de que les esperara una nueva patria para sus tribus.

Dejando a un lado la historia revisionista, el Sendero de Lágrimas suele considerarse una época trágica de la historia de Estados Unidos, porque lo fue. Algunos lo comparan con la «Marcha de la muerte de Bataan», en la que el ejército japonés hizo marchar a prisioneros estadounidenses y filipinos aproximadamente setenta millas hasta el Campo O'Donnell, donde murieron miles de filipinos y cientos de soldados estadounidenses. Por supuesto, el desplazamiento de nativos americanos fue a mayor escala. Muchos hombres, mujeres y niños murieron de enfermedades e inanición, mientras que otros murieron congelados o por otras causas durante el largo viaje por tierra y agua. El Sendero de Lágrimas es una red de varias rutas; en total, suman más de ocho mil kilómetros.

En la década de 1830, las Cinco Tribus Civilizadas —los cheroquis, los choctaw, los creek o muscogui, los chickasaw y los seminolas— fueron el objetivo para desplazarse hacia el oeste. Según Bruce Johansen en su artículo «Jacksonian Indian Policy» (Política india jacksoniana), Jackson luchó con y contra los nativos americanos y siempre tuvo la intención de expulsarlos del sureste, como demuestra su negativa a reconocer las decisiones del Tribunal Supremo a favor de la soberanía de los nativos americanos. Sin embargo, eso no prueba que no simpatizara con ellos o que no creyera que pudieran reconstruirse y vivir una vida pacífica en Oklahoma[46].

Johansen afirma que la Ley de Traslado Forzoso de Indios marcó un cambio importante en las relaciones de Estados Unidos con los nativos americanos, ya que la política de «segregar a los indios dentro de los estados pasó a trasladar a los indios más allá de la frontera, a perderlos de vista», con lo que los nativos americanos se vieron abocados a la miseria en su marcha hacia Oklahoma.

En su artículo, Johansen nos cuenta que la primera de las Cinco Tribus Civilizadas que se vio obligada a marchar por el Sendero de Lágrimas fue la choctaw de Misisipi, que fue trasladada tras ser engañada para firmar el Tratado de Doak's Stand. Se trasladaron al oeste, a tierras que ya ocupaban los colonos, que eran trece millones de acres en lo que hoy es Oklahoma.

En consecuencia, el tratado, que prometía 640 acres de tierra a cada familia, con 320 acres a cada niño mayor de diez años y 120 acres a cada niño pequeño, no se cumplió. Y como de costumbre, el gobierno se negó a intervenir. Los seis mil choctaw restantes optaron por permanecer en Alabama y Misisipi, donde se vieron obligados a aceptar el dominio de los gobiernos estatales a cambio de la adjudicación de tierras. Finalmente, tras la violación de tres tratados, los choctaw renunciaron a todas sus tierras al este del Misisipi, por las que no recibieron recompensa alguna, y su reubicación comenzó en 1831. Tardaron tres años en completarlo y se calcula que entre 2.500 y 3.000 choctaw murieron de hambre, enfermedades y exposición a los elementos durante el trayecto.

---

[46] Johansen, Bruce. "Jacksonian Indian Policy, 1818-1832". https://americanindian2-abc-clio-com.ezproxy.liberty.edu/Search/Display/2219984.

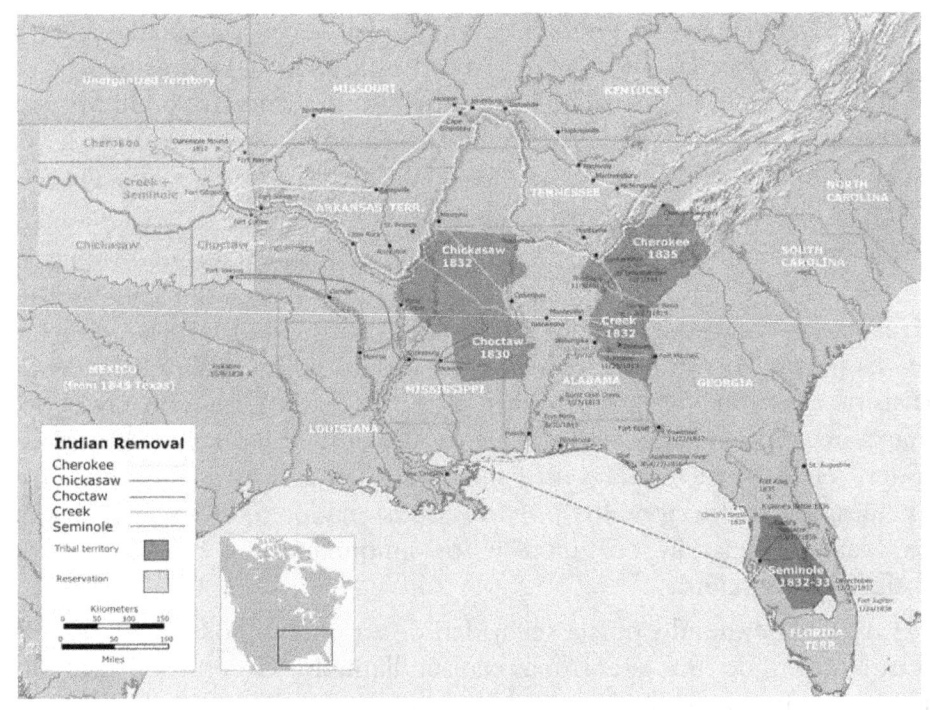

Mapa del Sendero de Lágrimas
https://commons.wikimedia.org/wiki/File:Trails_of_Tears_en.png

El Sendero de Lágrimas es algo más que un sendero; es también una representación del sufrimiento y las muertes que padecieron los nativos americanos al ser desplazados. Bajo la presión de los colonos de Misisipi, que querían las ricas tierras algodoneras que ocupaban los nativos americanos, el presidente James Monroe intentó expulsar a los choctaw de Misisipi en 1818, con el argumento del secretario de Guerra John Calhoun de que la tribu debía decidir sin coacción. En última instancia, Andrew Jackson fue enviado a negociar con los choctaw, y cuando las conversaciones fracasaron, atacó airadamente a Calhoun y a los misioneros que, según él, bloqueaban el traslado. Ante la negativa de los choctaw a trasladarse, alegando que las tierras al oeste del Misisipi no eran aptas para la agricultura, Jackson se mostró más decidido a forzar su traslado.

Jackson intentó de nuevo obligar a los choctaw a cruzar el Misisipi. En una segunda conferencia celebrada en 1820, el jefe Pushmataha firmó un tratado por el que los choctaw aceptaban renunciar a cinco millones de acres a cambio de tierras en Arkansas. Pero empujar a los choctaw hacia el oeste solo empeoró las cosas, sobre todo porque los colonos de Arkansas ya estaban ocupando las tierras designadas para la reubicación. Con la elección de Andrew Jackson a la presidencia en 1828, la presión para trasladar a los nativos americanos fuera de Misisipi se acentuó. Los argumentos se centraban ahora en los derechos de los estados, un factor importante en las batallas legales que los choctaw, los cheroqui y otras tribus libraban en los tribunales.

La elección de Jackson, que expresó su determinación de reubicar a los nativos americanos, envalentonó a los funcionarios del gobierno de Misisipi, que ahora se sentían respaldados para expulsar a los choctaw de sus tierras ancestrales. A finales de la década de 1820, el estado de Misisipi extendió sus leyes civiles y penales sobre los choctaw y los chickasaw, ilegalizando los gobiernos tribales. Y con Jackson en el poder, el gobierno estatal fue aún más lejos. Los choctaw fueron amenazados y coaccionados por los comisionados, que les dijeron que los blancos llegarían en masa y los aniquilarían si no accedían a trasladarse a Arkansas.

En 1830, temiendo por la seguridad de su pueblo, los líderes tribales permitieron que un jefe tribal egoísta llamado Greenwood LeFlore negociara un tratado final de traslado, en el que LeFlore recibiría tierras en Misisipi donde podría construir una plantación de algodón. LeFlore se escondería más tarde temiendo por su vida, ya que muchas de las tribus no querían trasladarse.

Posteriormente, los demás jefes, celosos de la influencia de LeFlore con los comisionados, firmaron el Tratado de Dancing Rabbit Creek el 27 de septiembre de 1830, acordando renunciar al resto de sus tierras y trasladarse al oeste de Arkansas. Bajo coacción y con falsas promesas del gobierno y la amenaza de ataques de los colonos, los choctaw firmaron el tratado y renunciaron a todas sus tierras al este del Misisipi. Como compensación, se les concedió una renta vitalicia de veinte mil dólares para construir escuelas, iglesias y un consejo tribal en el Territorio Indio.

Los duros términos del tratado establecían que cada familia recibiría una manta al llegar al final del camino, que el traslado debía realizarse en un plazo de tres años y que las familias recibirían pequeñas asignaciones de tierra. Pero el comisionado indio ignoró este último artículo, negándoles las asignaciones de tierra prometidas cuando llegaran. La tribu enfurecida amenazó con un levantamiento y LeFlore huyó despavorido. La caballería estadounidense fue enviada de nuevo para aterrorizar a los choctaw y someterlos[47].

Con el gobierno controlando sus fondos de anualidades y las tropas gubernamentales vigilándolos, los choctaw no tuvieron elección en el asunto de la reubicación. En noviembre de 1830, los choctaw, a quienes se les había hecho creer que se cuidarían de ellos durante el viaje, no tenían idea del sufrimiento que padecerían. Para ellos, el Sendero de Lágrimas comenzó en el otoño de 1831, y las rutas de viaje variaban. Algunos comenzaron en Vicksburg cruzando el río, mientras que otros viajaron por tierra hasta Memphis. Otros tomaron barcos de vapor por el río Misisipi y luego remontaron el río Rojo. Muchos tomaron barcos de vapor hasta el puesto de reubicación, mientras que otros viajaron a pie, a caballo o en carreta.

Por supuesto, llegó un gélido invierno y muchos choctaw murieron congelados por el camino. No había provisiones de alimentos proporcionadas por el gobierno, y si el comisionado acompañante no hubiera comprado comida por el camino, muchas personas habrían muerto de hambre. En los campamentos cercanos a Encore Fabre, Arkansas, no había refugio ni provisiones de alimentos, y la temperatura era bajo cero. Según los diarios de los supervivientes, a los que llegaron a este punto de reubicación les fue un poco mejor que a los que fueron hacia el sur, hacia Luisiana, ya que muchos de los que fueron hacia el sur se perdieron en los pantanos y tuvieron que ser rescatados en barcos. Luego fueron de Monroe, Luisiana, a Arkansas, donde se aventuraron hacia la reserva choctaw.

Los que viajaron a Memphis tuvieron miedo de subir a los barcos que se dirigían a Arkansas debido a una epidemia de cólera y decidieron viajar por tierra a través de los pantanos del Misisipi, con la intención de cruzar el río White hasta Rock Roe, un pantano de Arkansas. Mientras cruzaban la gran pradera hacia Little Rock, en 1832 se produjo un brote de cólera que causó numerosas muertes.

Los choctaw supervivientes llegaron finalmente a la Nación Choctaw, en la actual Oklahoma, en 1833. Los choctaw sufrieron mucho durante su traslado forzoso. Sufrieron disentería y cólera debido a la falta de agua potable. Se perdieron en los pantanos, los suministros eran escasos y estaban lejos unos de otros, los ladrones les robaban los caballos y el ganado, y los proveedores de whisky se aprovechaban de la gente

---

[47] DeRosier, Arthur H. "Andrew Jackson and the Negotiations for the Removal of the Choctaw Indians". *The Historian*, vol. 29, n.º 3 (1967). https://www.jstor.org/stable/24442605.

desesperada. En 1836, quince mil choctaw habían sido reubicados, y los pocos miles que quedaban estaban siendo acosados. Muchos de ellos también se vieron obligados a marcharse.

Los cheroquis que vivían en el norte de Georgia, Tennessee y Alabama habían sido expulsados a la fuerza de sus tierras natales desde la década de 1820. Su territorio se había visto reducido por la afluencia de colonos y los diversos tratados incumplidos por los gobiernos estatal y federal. Muchos emigraron voluntariamente hacia el oeste, aunque bajo presión.

Al igual que ocurrió con los oficiales choctaw y de Misisipi, el gobierno de Georgia se vio reforzado en su determinación de expulsar a todos los cheroquis del estado. En 1828, Georgia asumió la jurisdicción sobre el territorio cheroqui y, con la aprobación de la Ley de Traslado Forzoso de Indios de 1830, ilegalizó el gobierno cheroqui, estableció la Guardia de Georgia y asumió el control de las minas de oro del territorio de los nativos americanos, prohibiéndoles extraer oro.

Con los líderes cheroquis divididos sobre la cuestión de la expulsión y el Consejo Nacional Cheroqui rechazando tratado tras tratado, el Tratado de Nueva Echota fue firmado en 1835 por la facción denominada Partido del Tratado en contra de los deseos del Partido Nacional del jefe John Ross. El tratado fue negociado por el comisionado indio John Freeman Schermerhorn y funcionarios no electos de la tribu cheroqui. En él se establecía que toda la Nación Cheroqui sería reubicada al oeste del río Misisipi.

Los líderes, que esperaban un duro invierno, pidieron tiempo para prepararse. Algunos, como John Ross, fueron a Washington para buscar apoyo y pidiendo que se anulara el tratado, ya que no representaba los deseos de la mayoría de la tribu. El gobierno no atendió su petición y, en la primavera de 1838, llegó el general Winfield Scott y empezó a reunir a los cheroquis que se habían quedado. Los colocó en campamentos para preparar la marcha hacia la actual Oklahoma.

Los cheroquis se enfrentaron a las mismas duras condiciones que los choctaw que marcharon antes que ellos. El agua y los alimentos escaseaban; los brotes de sarampión, cólera y disentería mataban a muchos; y los fríos inviernos se cobraban su tributo en los desventurados cheroquis. Se instalaron depósitos de suministros a lo largo del camino y la caravana iba acompañada de un médico, pero a pesar de estos preparativos, los cheroquis sufrieron tanto como las demás tribus en su viaje hacia el oeste.

Los cursos de agua de Arkansas eran escasos debido a la sequía, por lo que los cheroquis no pudieron embarcar. Se vieron obligados a caminar, muchos descalzos, hasta la misión de Dwight, Oklahoma, en mayo de 1834. En 1837, el último de los dos bandos cheroquis antagónicos, incluido John Ross y su familia, llegó a Fort Coffee, cumpliendo el plazo fijado por Jackson para 1838[48].

Sin embargo, catorce mil cheroquis seguían en el sureste en mayo de 1838. Jackson ordenó a las milicias estatales que los recogieran de los campamentos asolados por las enfermedades, donde habían sufrido el calor del verano. En Ross's Landing, en Chattanooga, Tennessee, el teniente Edward Deas hizo marchar a un grupo por 120 millas hasta Decatur, Alabama, tras lo cual se dirigieron por ferrocarril a Tuscumbia. Allí, fuertemente custodiados, fueron embarcados en un barco de vapor. La mayoría de los cheroquis carecían de pertenencias, ya que se habían visto obligados a abandonar sus hogares sin previo aviso. Después de que el amable operador del vapor les comprara ropa, se dirigieron a Fort Coffee, en Oklahoma.

El siguiente grupo de 875 fue llevado a Ross's Landing, pero presentaron más resistencia, ya que se negaron a dar sus nombres y rechazaron la ropa que se les ofrecía. En la ruta hacia Lewisburg, Arkansas, cientos escaparon, pero 722 llegaron antes del 1 de agosto. Debido al bajo nivel de las aguas en el sur, no se pudieron utilizar barcos de vapor, y el siguiente grupo tuvo que viajar por carretera desde Ross's Landing hasta Bellefonte, donde escaparon cientos de personas. Finalmente, llegaron a Waterloo, donde un barco de vapor los envió a Little Rock. Cuando llegaron a la Nación Cheroqui en septiembre, 141 habían muerto y 293 habían logrado escapar. Solo trescientos llegaron a Arkansas[49].

Otro grupo de cheroquis, que también padecieron enfermedades y murieron por el camino, fueron conducidos por tierra a Memphis y luego de nuevo por tierra a Little Rock, llegando al Territorio Indio en los primeros meses de 1839.

Estos catorce mil cheroquis restantes estaban mejor preparados para el peligroso viaje, simplemente porque el traslado ya estaba más

---

[48] Littlefield, Daniel F. "Cherokee Removal". *The American Mosaic: The American Indian Experience*. https://americanindian2-abc-clio-com.ezproxy.liberty.edu/Search/Display/1595705.
[49] Ibid.

organizado. El grupo contaba con ayudantes de conductor, jefes de carreta, carreteros y médicos. También se hicieron arreglos para los suministros que se daría en ciertos puntos a lo largo del camino. Se cree que cuatro mil Cheroqui perecieron en el camino. Las estimaciones se basan en los registros tribales y militares, por lo que, a diferencia de lo que piensan algunos historiadores revisionistas, las cifras no se sacan de la nada.

Capítulo 8: Implicaciones legales y reconstrucción de la tribu cheroqui

Las implicaciones legales del desplazamiento de los nativos americanos de sus tierras ancestrales giran en torno a la idea de que las tribus nativas americanas tenían un «derecho natural» a vivir en las tierras que ocupaban. Hay tres argumentos distintos: la cuestión de la soberanía de los nativos americanos, los derechos de los estados y el poder del gobierno federal en la elaboración de tratados.

En 1802, el gobierno estadounidense garantizó a los cheroquis todas las tierras que ocupaban dentro del territorio de Georgia, siempre que los cheroquis dieran su consentimiento[50]. Pero hay que tener en cuenta que la usurpación de las tierras de los nativos americanos comenzó mucho antes del Pacto de 1802. Con la llegada de Ponce de León y Hernando de Soto a las costas de Florida, el choque de civilizaciones empezó a hacer mella en ambos bandos. Una guerra de ojo por ojo entre los nativos americanos y los colonos blancos duró siglos y dejó el sureste cubierto de sangre.

¿Tenían los nativos americanos un derecho soberano sobre sus tierras ancestrales? Se trata de una cuestión jurídica que se discutió en

---

[50] Casebeer, Kenneth M. "Subaltern Voices in the Trail of Tears: Cognition and Resistance of the Cherokee Nation to Removal in Building American Empire". *University of Miami School of Law*. https://repository.law.miami.edu/umrsjlr/vol4/iss1/2/.

los poderes ejecutivo, legislativo y judicial del gobierno estadounidense, y en la que se coaccionó a los jefes tribales para que firmaran tratados que no entendían. Muchas veces, los tratados eran fraudulentos, ya fuera a través de especuladores sin escrúpulos que vendían tierras que ya estaban ocupadas, de embaucadores del gobierno, de nativos americanos disidentes que decían representar a toda la tribu y de jefes que firmaban tratados a cambio de dinero y tierras. A veces, los estados ignoraban las sentencias de los tribunales, y el presidente se negaba a menudo a hacer cumplir las leyes promulgadas por el Congreso que protegían los derechos de los nativos americanos. Por lo tanto, el Pacto de 1802 era nulo incluso antes de ser firmado.

A partir de entonces, los nativos americanos se dieron cuenta de que, tras años de tejemanejes, de cesión de tierras al gobierno y a empresas comerciales privadas, estaban cediendo demasiadas tierras y se veían obligados a endeudarse. En 1819, el Consejo Nacional Cheroqui decidió no hacer más cesiones de tierras. Un hecho interesante son las diferentes visiones de la propiedad de la tierra. Los nativos americanos creían tradicionalmente en la propiedad comunal, en la que una familia individual devolvía la tierra a la tribu, con lo que la tribu pasaba a ser propietaria implícita de toda la tierra. Los blancos, por su parte, utilizaban «normas e instituciones judiciales y del derecho consuetudinario», lo que les permitía manipular los tratados en su beneficio[51].

A menudo, los nativos americanos no podían permitirse abogados y, a medida que Georgia aprobaba más y más leyes, se hacía más difícil luchar contra los estados que reclamaban la soberanía sobre sus tierras. Georgia practicó una «estrategia legal de expulsión por inconveniencia y vigilantismo aprobado; retirando las protecciones del derecho penal... prohibiendo a los cheroquis comparecer ante los tribunales... y convirtiendo en delito la entrada de cualquier blanco en tierra cheroqui, rechazando las reclamaciones de oro de los cheroquis mientras reconocía las reclamaciones de los blancos dentro del territorio cheroqui»[52]. Por lo tanto, ya no se permitía la presencia de misioneros, maestros, artesanos e imprentas blancos en las tierras cheroquis.

Cientos de acuerdos fueron violados y rotos en los años 1700 y 1800. La inútil lucha de los cheroquis por la justicia continuó hasta 1829,

---

[51] Ibid.
[52] Ibid.

cuando los cheroquis presentaron una petición al Congreso en la que declaraban que no aceptaban desalojar sus tierras ancestrales y exigían al gobierno que les proporcionara protección legal. Sin embargo, con la elección de Andrew Jackson en 1828, tenían pocas esperanzas de tener éxito, especialmente cuando Jackson impulsó la Ley de Traslado Forzoso de Indios de 1830.

Fue en esta época cuando comenzaron las disputas entre los funcionarios cheroquis, ya que la facción contraria a la expulsión, liderada por John Ridge y Elias Boudinot, se dio cuenta de que su lucha era inútil. Empezaron a pensar que la única forma de evitar la aniquilación de la Nación Cheroqui era aceptar el reasentamiento en la actual Oklahoma.

Esto nos lleva al caso de la Nación Cheroqui contra Georgia de 1830, en el que el jefe John Ross y el abogado William Wirt (fiscal general bajo la administración de John Adams) argumentaron que el estado de Georgia estaba promulgando leyes inconstitucionales que, en efecto, «aniquilarían directamente... a los cheroquis como sociedad política»[53]. Georgia contraatacó argumentando que los cheroquis afirmaban ser una nación extranjera cuyos derechos estaban siendo violados. A ojos de Georgia, los cheroquis no podían reclamar la designación de país extranjero, ya que carecían de gobierno legítimo. Finalmente, el tribunal dictaminó que la Nación Cheroqui no era un país extranjero. Los redactores de la Constitución la consideraban una «nación interna dependiente» y, por tanto, no tenía motivos para presentar una demanda.

El presidente del Tribunal Supremo, John Marshall, declaró que la relación de la Nación Cheroqui con el gobierno federal era comparable a la de "un pupilo del Estado», mientras que el juez William Johnson escribió que las «reglas de las naciones» verían a los nativos americanos como «nada más que hordas errantes. Sin embargo, los jueces disidentes, Smith Thompson y Joseph Story, escribieron que la Nación Cheroqui tenía «usos, costumbres y autogobierno» y era un gobierno tal como lo designaba la Ley del Congreso de 1802. Esto significaba que el Tribunal Supremo tenía jurisdicción sobre el caso. Los dos jueces argumentaron que la demanda de los cheroquis contra el estado de Georgia debía ser admitida[54].

---

[53] "Cherokee Nation v. Georgia". https://en.wikipedia.org/wiki/Cherokee_Nation_v._Georgia.
[54] Ibid.

Un año después de este caso, en 1832, la demanda presentada por el reverendo Worchester contra Georgia llegó al Tribunal Supremo. En este caso, los cheroquis obtuvieron por fin lo que percibían como una victoria, ya que el tribunal dictaminó que eran una nación soberana. El líder cheroqui Elias Boudinot, escritor y editor de periódicos, se alegró proclamando que la ley de Georgia había sido declarada nula por el más alto tribunal judicial del país. Los cheroquis lo celebraron con regocijo y bailes. Sin embargo, la decisión judicial no impidió que Georgia mantuviera encarcelado al reverendo Worchester (se negó a aceptar un indulto para poder llevar el caso ante el Tribunal Supremo). Georgia también ignoró la sentencia del Tribunal Supremo[55].

La ironía es que el gobierno federal del presidente Jackson se negó a intervenir, alegando que el estado de Georgia era una entidad soberana, como demostraba la decisión previa del juez Marshall en *McCulloch contra Maryland*, en la que Marshall reconocía el poder de un estado para adelantarse o impedir las acciones del gobierno federal. En el caso de *Worchester contra Georgia*, Jackson se remitió a la decisión de Marshall, que, según él, limitaba su poder con respecto al estado de Georgia, dando así a Georgia permiso tácito para continuar con su desplazamiento de los cheroquis y sentando un precedente para futuras anulaciones.

En relación con la decisión del caso *Worcester contra Georgia* y la negativa de Georgia a obedecer al Tribunal Supremo, se dice que Andrew Jackson dijo al general John Coffee que «la decisión del Tribunal Supremo ha nacido muerta, y que no puede coaccionar a Georgia para que ceda al mandato»[56].

Al resumir las batallas legales de los cheroquis contra el estado de Georgia en 1831 y 1832, podemos señalar un pasaje de «Voces subalternas en el Sendero de Lágrimas» («subalternas» son las voces de los nativos americanos que claman ayuda contra un gigante imperialista):

> «Los Estados persiguieron a los Cheroquis y afirmaron el control territorial sobre la Nación, excluyeron una estrategia de ley a través de los tribunales estatales, forzaron la estrategia de ley en los tribunales federales donde se negó a la nación la suficiente

---

[55] Casebeer, Kenneth M. "Subaltern Voices in the Trail of Tears: Cognition and Resistance of the Cherokee Nation to Removal in Building American Empire". *University of Miami School of Law*. https://repository.law.miami.edu/umrsjlr/vol4/iss1/2/.

[56] Boulware, Tyler. "Cherokee Indians". *New Georgia Encyclopedia*, 20 de enero de 2009, https://www.georgiaencyclopedia.org/articles/history-archaeology/cherokee-indians/.

reivindicación de la soberanía hasta demasiado tarde para cambiar el diluvio político y negaron la aplicación de la ley federal de los tratados por la Constitución ... aunque los tribunales federales estaban abiertos para proteger los derechos de los ciudadanos estadounidenses [blancos] derivados de la soberanía Cheroqui»[57].

Pero a pesar de todo lo que sufrieron los cheroquis durante un periodo de veinte años, fueron capaces de reconstruir su nación tras llegar a Arkansas y Oklahoma. En el invierno de 1838, John Ross y su esposa, Elizabeth o «Quatie», que por entonces estaba gravemente enferma, se dirigieron hacia el oeste. Ella murió en el *Victoria*, un barco de vapor que Ross había comprado para parte del viaje, justo antes de llegar a Little Rock. Fue enterrada en el cementerio de Little Rock. Ross llegó en los primeros meses de 1839 y comenzó la unificación de los cheroquis occidentales y orientales. En septiembre ya habían ratificado una constitución, construido un juzgado y establecido periódicos, escuelas y negocios. Cuando estalló la guerra de Secesión, las cosas cambiaron drásticamente para todo el país, y la Nación Cheroqui no fue una excepción.

---

[57] Casebeer, Kenneth M. "Subaltern Voices in the Trail of Tears: Cognition and Resistance of the Cherokee Nation to Removal in Building American Empire". *University of Miami School of Law*. https://repository.law.miami.edu/umrsjlr/vol4/iss1/2/.

Capítulo 9: Legado histórico

Aunque todas las decisiones clave que condujeron al Sendero de Lágrimas y sus resultados podrían llenar varios libros, hay algunas que tuvieron un impacto duradero en el paisaje estadounidense, que en aquella época se expandía rápidamente hacia el oeste.

Podemos empezar por los colonos españoles que se asentaron en el territorio de la actual Florida en el siglo XVI y cómo estos exploradores se enfrentaron a los seminolas que ocupaban el territorio. Ponce de León fue asesinado cuando regresó a Florida en 1521 para buscar la mítica Fuente de la Juventud, pero le siguió Hernando de Soto, que murió de una de las enfermedades que trajeron los colonos[58].

Se dice que la viruela, el sarampión, la malaria y la fiebre amarilla mataron a más del 90% de los nativos americanos de Norteamérica, y esta fue, en cierto modo, una de las causas del Sendero de Lágrimas. Las enfermedades acabaron con asentamientos y tribus enteras, lo que hizo que los grupos se juntaran o lucharan entre sí por más territorio. Ponerse del lado de los colonos acabó siendo esencial en algunos casos porque los nativos americanos no tenían el número suficiente para lograr una victoria decisiva por sí solos. Y con su disminución numérica, a los colonos blancos les resultaba cada vez más fácil dictar las decisiones, ya que eran mayoría.

España cedió finalmente Florida a EE. UU. tras la firma del Tratado Adams-Onís de 1819. Para entonces, Andrew Jackson ya había hecho

---

[58] "Collision of Worlds". https://www.semtribe.com/stof/history/CollisionofWorlds.

incursiones en el territorio para impedir que los seminolas asaltaran a los colonos de fuera de Florida. A Jackson se le dijo que invadiera Florida para perseguir a los nativos americanos, pero que dejara en paz a los fuertes españoles. La razón principal de los ataques seminolas en la frontera entre Florida y Georgia era la represalia por la entrada de la milicia sureña en su territorio para capturar esclavos fugitivos. Los seminolas también querían impedir que los colonos robaran tierras y ganado.

Los estados del sur, en particular Georgia, presionaron al gobierno estadounidense, instándolo a someter a los seminolas. Fue entonces cuando Jackson entró en escena. El Tratado de Payne's Landing de 1832 instaba a los seminolas a trasladarse al oeste si encontraban buenas tierras, pero los exploradores no pudieron hallar territorio habitable. El tratado se firmó, pero muchos jefes fueron intimidados para que lo hicieran, por lo que siguieron resistiéndose al traslado. Tras el Tratado Adams-Onís, Estados Unidos, que tenía el control total de Florida, utilizó la idea del destino manifiesto para reubicar a los seminolas. Finalmente, se tomó la decisión de expulsar a todos los seminolas de Florida, allanando otro camino más en el Sendero de Lágrimas.

En 1820, el general Andrew Jackson y Thomas Hinds supervisaron el Tratado de Doak's Stand, en el que los choctaw de Misisipi aceptaron ceder un tercio de sus tierras a cambio de un millón de acres en el oeste. Comenzó la destitución de los choctaw y se alcanzó el punto de no retorno para las tribus nativas americanas, que estaban perdiendo la lucha contra el gobierno estadounidense. Antes de esto, una cuarta parte de la Nación Cheroqui había aceptado voluntariamente trasladarse al territorio de Arkansas, asentándose entre los ríos Arkansas y White. Esto intensificó su lucha con los osage, una lucha que se venía librando desde la década de 1760, cuando los cheroquis occidentales empezaron a trasladarse al territorio osage.

En 1817, los cheroquis occidentales llevaron a cabo un ataque de venganza contra sus enemigos tradicionales, los osage, masacrando la aldea de Pasuga en Claremore Mound, en el actual condado de Rogers, Oklahoma. Los osage se indignaron aún más cuando se vieron obligados a ceder más territorio en virtud del Tratado de Fort Gibson en 1825, y su lucha histórica con los cheroqui comenzó una vez más tras la aprobación de la Ley de Traslado Forzoso de los Indios en 1830, cuando los cheroqui orientales se vieron obligados a trasladarse al oeste.

Otra decisión clave que condujo al Sendero de Lágrimas y que a menudo se pasa por alto fue la Compra de Luisiana en 1803. Thomas Jefferson llegó a un acuerdo con Francia por el que Estados Unidos compró más de 800.000 millas cuadradas de tierra al oeste del Misisipi por quince millones de dólares. Tras la compra, en 1803 comenzó el proceso gradual de expulsión de los nativos americanos de Luisiana, que duró hasta 1840. La idea de Jefferson era que los nativos americanos de Luisiana, incluidos los choctaw y los natchez, se asimilaran a la cultura europea. Si se resistían, debían ser expulsados. Pero no fue así, ya que la mayoría fueron expulsados de Luisiana mediante tratados.

Las sentencias del Tribunal Supremo en los casos *Nación Cheroqui contra Georgia* y *Worchester contra Georgia* dieron lugar a importantes decisiones relacionadas con la cuestión del federalismo. La cuestión es complicada, pero esencialmente, el federalismo o descentralización es la división de poderes entre el gobierno federal y los gobiernos estatales, con la Constitución como árbitro.

Para recapitular rápidamente los casos, el Tribunal Supremo desestimó el primer caso presentado por la Nación Cheroqui, alegando que carecía de fundamento porque los cheroquis no estaban legitimados para reclamar la soberanía al no ser una nación extranjera. En la segunda sentencia (*Worchester contra Georgia*), el Tribunal Supremo dijo que, dado que la Nación Cheroqui tenía un gobierno, sí tenía soberanía. Esta decisión enfureció al estado de Georgia, que hizo caso omiso de la decisión y siguió desplazando a los nativos americanos, sin que el presidente, Andrew Jackson, hiciera nada por aplicar la sentencia del Tribunal Supremo.

Estas decisiones hicieron que el tema de la esclavitud se agudizara y se multiplicaran los llamamientos a abolirla. Andrew Jackson era partidario de la esclavitud (él mismo tenía esclavos, al igual que los cheroqui y otros nativos americanos) y, por tanto, se oponía al movimiento abolicionista. El presidente Jackson contaba con un amplio apoyo entre los demócratas del norte y del sur que apoyaban la esclavitud durante su etapa como presidente, pero la calma que siguió al Compromiso de Missouri (1820) se estaba convirtiendo ahora en una tormenta sobre la esclavitud, provocada sobre todo por los agitadores del norte que difundían propaganda por el sur[59].

---

[59] Henig, Gerald S. "The Jacksonian Attitude Toward Abolitionism in the 1830s". *Tennessee Historical Quarterly*, vol. 28, n.º 1, 1969, pp. 42-56. *JSTOR*, http://www.jstor.org/stable/42623057.

El fuego se avivó de nuevo cuando México liberó a sus esclavos en 1829, asustando a los esclavistas de Texas, que entonces aún formaba parte de México, y por la publicación del *Liberator* de William Lloyd Garrison, un abolicionista del norte, en 1831. En otoño de ese año se produjo la rebelión de Nat Turner en Virginia. Sesenta ciudadanos blancos fueron masacrados, lo que incitó las tensiones entre los esclavistas y defensores de la institución y los que deseaban desmantelarla o disminuir su influencia, especialmente en los estados de reciente creación. El debate sobre la esclavitud desembocó en discusiones sobre los derechos de los estados y la posible disolución de la Unión. Jackson, propietario de esclavos y defensor de los derechos de los estados, contaba entonces con el apoyo de su vicepresidente, Martin Van Buren. Más tarde, para mantener el apoyo de los sureños, Van Buren declaró en su discurso inaugural de 1837 que «la esclavitud debe dejarse al control de los propios estados esclavistas, sin molestias ni interferencias de ninguna parte».

Incluso el famoso escritor estadounidense James Fenimore Cooper, autor de *El último mohicano*, apoyó al presidente Jackson en su creencia de que los estados debían regular sus propios asuntos, afirmando que «el Congreso no tenía poder para interferir en la esclavitud y que esta correspondía enteramente a los diferentes estados»[60].

Así pues, podemos ver cómo los acontecimientos de principios del siglo XIX, los tratados con los nativos americanos, las batallas judiciales por los derechos de los nativos americanos y el desplazamiento de las tribus a Oklahoma llegaron a desempeñar un papel en el futuro de Estados Unidos. Los derechos de los estados y el poder del Congreso y del poder ejecutivo para controlar a los estados en ciertas cuestiones fueron debates que se mantuvieron durante el traslado de los nativos americanos. La gente empezó a ver que los estados tenían más derechos, y cuando esa idea empezó a ser vulnerada por EE. UU. en lo referente a la esclavitud, hubo mucha gente que no quedó contenta.

En cuanto al auge del movimiento contra la expulsión, Mary Hershberger nos cuenta en su artículo académico titulado «Mobilizing Women, Anticipating Abolition: The Struggle Against Indian Removal in the 1830s» (La movilización de las mujeres y la anticipación de la abolición: La lucha contra la expulsión de los indios en la década de

---

[60] Ibid.

1830), que mujeres de todo el país firmaron peticiones en defensa de los derechos de los nativos americanos, alegando que no solo estaban protegidos por tratados firmados con anterioridad, sino que además se habían convertido en agricultores y comerciantes de éxito. Las dos primeras mujeres destacadas que se opusieron a la Ley de Traslado Forzoso de Indios fueron Catharine Beecher y su hermana Harriet Ward Stowe (la futura autora de *La cabaña del tío Tom*), que lanzaron una campaña de peticiones en la que muchos estadounidenses protestaron contra la Ley de Traslado Forzoso de Indios[61].

Hershberger afirma que el presidente Van Buren se quedó atónito ante el poder de las fuerzas contrarias a la expulsión. El clamor y la oleada de peticiones lo exasperaron, pero estaba decidido a llevar a cabo la política de expulsión de Jackson porque este había dicho previamente que «ningún otro tema era de mayor importancia que este». Hershberger argumenta que «el corazón de la política de tierras indias siempre había sido nada menos que la cesión de tierras a los mercados blancos, y los tratados eran el arma preferida», ignorando la posibilidad de una guerra civil si Jackson o Van Buren hubieran utilizado la fuerza militar para expulsar a los ocupantes ilegales blancos de las tierras de los nativos americanos[62].

Como hemos señalado antes, Jackson estaba siendo machacado por todas partes, y Hershberger expone en su crítica el dilema en el que se encontraba Jackson al exponer las dos razones que ofreció para la expulsión. En primer lugar, "tener una nación india independiente residiendo dentro de las fronteras de cualquier estado era una situación intolerable"[63]. Y, en segundo lugar, «que, para su supervivencia, los indios del sudeste tenían que trasladarse al otro lado del Misisipi, lejos de la invasión blanca». La cuestión de la sinceridad de Jackson es comparable a preguntarse por qué Winston Churchill, anticomunista acérrimo, abrazó de repente a Joseph Stalin en la Segunda Guerra Mundial.

Como hemos dicho antes, en el discurso inaugural de Jackson, se oponía a la expulsión de los nativos americanos, pero empezó a abrazar la idea en su primer año de mandato. ¿Eran estos sus pensamientos de

---

[61] Hershberger, Mary. "Mobilizing Women, Anticipating Abolition: The Struggle against Indian Removal in the 1830s". *The Journal of American History*, vol. 86, nº 1, 1999, pp. 15-40. JSTOR, https://www.jstor.org/stable/2567405. Consultado el 7 de octubre de 2022.
[62] Ibid.
[63] Ibid.

sus primeros días como luchador contra los nativos americanos? Es imposible saberlo, pero el hecho es que impulsó la Ley de Traslado Forzoso de Indios de 1830 a pesar de las objeciones de las organizaciones religiosas y de los puestos misioneros de todo el país.

Las asociaciones voluntarias de mujeres se aliaron con las instituciones religiosas y sus misioneros. Se envió una avalancha de peticiones al Congreso. Como nos cuenta Hershberger, el movimiento contra la expulsión se fusionó con el movimiento abolicionista, ya que muchos activistas se dieron cuenta de que expulsar a los nativos americanos sería como expulsar a los negros a África. Así, el movimiento de colonización se convirtió en el movimiento abolicionista, y las organizaciones auxiliares de mujeres, junto con los misioneros, emprendieron la lucha contra la Ley de Traslado Forzoso de Indios de Jackson y Van Buren.

Hershberger nos cuenta que las mujeres que no tenían ninguna posición adoptaron un sentimiento de «maternidad republicana», utilizando peticiones en defensa de las pensiones de viudedad, el empleo para los necesitados y lo que consideraban el acto inhumano de la expulsión de los nativos americanos. Se convirtieron, en efecto, en «las guardianes morales de la virtud de la nación», y una de sus prioridades fue la creación de escuelas para nativos americanos en el noreste y el sur. Para ello, financiaron organizaciones religiosas y misioneros que establecieron escuelas. La Sociedad Misionera Femenina de Utica otorgó uno de los primeros encargos misioneros a Charles Finney en 1824[64].

Los periódicos confesionales contrarrestaban los argumentos de los críticos que decían que los nativos americanos se enfrentaban a la «extinción» señalando las numerosas escuelas y maestros cheroquis, su comercio y su agricultura generalizada. Los periódicos argumentaban además que la vergüenza de la nación podía verse en las numerosas masacres cometidas por ciudadanos blancos, y varios de ellos señalaban la matanza de más de noventa moravos en 1782 en el pueblo de Gnadenhutten, en Ohio, a manos de una turba de blancos. Todos los duros actos cometidos contra los nativos americanos se publicaban en estos periódicos de ámbito nacional, y la elección de Jackson provocó un aumento de las protestas y una efusión de simpatía hacia los nativos americanos en estas publicaciones.

---

[64] Ibid.

En 1829, la Junta Americana de Comisionados para las Misiones Extranjeras, dirigida por Jeremiah Evarts, publicó los «Ensayos de William Penn» en el *National Intelligencer*, en los que se describían los tratados entre los nativos americanos y el gobierno de Estados Unidos y se afirmaba que los nativos americanos poseían legalmente sus tierras.

Estos ensayos se publicaron en todo el país, incluso en el *Cheroqui Phoenix*. *The Journal of Commerce* y el *Christian Watchman* expresaron sentimientos de alegría, afirmando que toda la nación debería «darse cuenta del sentimiento que se ha despertado en la comunidad acerca de los derechos de los aborígenes de este país». La investigación de Hershberger nos dice que los «Ensayos de William Penn» fueron más populares que el *Common Sense* de Thomas Paine y condujeron a los dos famosos casos del Tribunal Supremo de la *Nación Cheroqui contra Georgia* y *Worcester contra Georgia*, así como al auge del movimiento feminista que vinculó el movimiento en contra de la expulsión con el movimiento abolicionista en desarrollo. Pero a pesar de estos esfuerzos, se aprobó la Ley de Traslado Forzoso de Indios y Georgia ignoró la sentencia del Tribunal Supremo a favor de la soberanía de los nativos americanos, con el presidente Jackson haciendo la vista gorda[65].

Más tarde, en 1837, la Ley Mordaza de Pinckney, aprobada por el Congreso, tenía por objeto poner sobre la mesa las peticiones antiesclavistas y declaraba que el Congreso no tenía derecho a interferir en la esclavitud. Hershberger nos cuenta que Catharine Beecher, que hizo todo lo posible por permanecer en el anonimato durante la campaña, sufrió una crisis nerviosa por el estrés que suponían las peticiones y finalmente abandonó la lucha. Se dedicó a la política convencional.

Así, los acontecimientos que ocurrieron antes y durante las presidencias de Jackson y Van Buren condujeron a la práctica desaparición del movimiento de vuelta a África (movimiento colonialista), que evolucionó hacia la crisis de la anulación de 1832 y el movimiento abolicionista, que como afirma Henig, «fue uno de los principales ingredientes que impulsaron la transición de Carolina del Sur del nacionalismo extremo en 1816 al separatismo extremo en 1836»[66].

---

[65] Ibid.
[66] Henig, Gerald S. "The Jacksonian Attitude Toward Abolitionism in the 1830s". *Tennessee Historical Quarterly*, vol. 28, n.º 1, 1969, pp. 42-56. *JSTOR*, http://www.jstor.org/stable/42623057.

Por lo tanto, podemos ver cómo los acontecimientos que se produjeron en la historia entre 1830 y 1850 desembocaron en una sangrienta guerra civil por las cuestiones de los aranceles impuestos al algodón (derechos de los estados) y el movimiento antiesclavista (que surgió del movimiento contra la expulsión).

Y con la guerra de Secesión, la historia fue testigo de la victoria del Norte, que puso fin a la Confederación y propició la abolición de las personas esclavizadas. Nadie puede discutir que la guerra de Secesión no alteró el curso de la historia estadounidense, ya que trajo consigo las enmiendas Decimotercera, Decimocuarta y Decimoquinta a la Constitución de Estados Unidos.

De este modo, podemos ver cómo los acontecimientos ocurridos hace unos cientos de años configuraron el panorama jurídico, social, económico y político de Estados Unidos, que acabaría convirtiéndose en una potencia económica mundial. Como se ha señalado antes, a los nativos americanos no les fue demasiado bien en su búsqueda de la soberanía, ya que sus batallas legales se vieron obstaculizadas en todo momento, mientras que los esclavos no fueron plenamente liberados hasta el final de la guerra de Secesión. Ambos grupos tuvieron que seguir luchando por sus derechos después de que cesara el derramamiento de sangre.

Capítulo 10: Figuras legendarias

Muchas figuras importantes aparecieron durante nuestro viaje a través de esta época de la historia estadounidense, pero en nuestra visión, unas pocas destacan.

El «loco» Anthony Wayne

Cuando leemos sobre George Washington y su lucha contra las políticas de los nativos americanos, los historiadores nos cuentan que a menudo enviaba al general «loco» Anthony Wayne para sofocar los disturbios. El loco Anthony, cuyo protagonismo destaca por su actuación en la guerra de la Independencia, luchó junto al general Washington y el marqués de Lafayette. El general Wayne obtuvo su apodo cuando uno de sus espías fue detenido por alteración del orden público en un pequeño pueblo. El general ordenó que el muchacho recibiera veintinueve latigazos y, a partir de entonces, los hombres llamaron al general «loco Anthony»[67].

Cuando fue llamado por Washington para poner fin a las guerras indias del noroeste, Wayne se tomó un año para entrenar a sus tropas, a las que llamó la Legión de los Estados Unidos, y marchó hasta el oeste de Ohio para derrotar a Chaqueta Azul, el jefe de guerra shawnee, en la batalla de los árboles caídos en 1794. A continuación, negoció el Tratado de Greenville (1795), que puso fin a todas las reclamaciones tribales sobre Ohio y las zonas circundantes.

---

[67] Hickman, Kennedy. "American Revolution: Major General Anthony Wayne". ThoughtCo, 28 de agosto de 2020, https://thoughtco.com/major-general-anthony-wayne-2360619.

El presidente Washington creía que los nativos americanos podían ser civilizados, pero que, si eso no era posible, sería necesario el derramamiento de sangre. El siguiente presidente, John Adams, pensaba que el traslado de los nativos americanos debía ser voluntario, pero con el tiempo apoyó treinta tratados que exigían a los nativos americanos renunciar a los títulos de propiedad de sus tierras.

Thomas Jefferson

Si pasamos a la forma de pensar del tercer presidente, Thomas Jefferson, podemos comprender mejor lo que configuró su pensamiento sobre el «problema» de los nativos americanos.

En el ensayo de Andrea Petrini, «La Ilustración de Thomas Jefferson», se nos dice que Jefferson fue educado en la filosofía de la Ilustración europea, lo que significaba que creía que «las leyes de la sociedad humana y del mundo físico [podían] discernirse a través del método científico». Citando al erudito estadounidense Joseph Blau, escribió que Jefferson creía que «los ojos abiertos y una mente activa —la Ilustración— estaban al alcance de todo hombre y eran las garantías de una buena vida». Más tarde Jefferson aplicó estos pensamientos a la Revolución estadounidense, creyendo que los estadounidenses debían ser libres de los caprichos del rey de Inglaterra y poder expresar sus derechos naturales en una «sociedad verdaderamente democrática»[68].

Después de la Revolución estadounidense, Jefferson comenzó a aplicar teóricamente estos pensamientos a los nativos americanos, creyendo que podían llegar a ser civilizados si solo accedían a cambiar sus costumbres, pasando de hecho a formar parte de la sociedad europeo-estadounidense. A diferencia de Alexander Hamilton, Benjamín Franklin y otros antes que él, Jefferson nunca llegó a creer que los negros pudieran ser «iguales a los blancos», pero era ambivalente en su pensamiento respecto a los nativos americanos, a los que consideraba más elevados en la escala de razas que los afroamericanos. Incluso aprobó los matrimonios de sus hijas con hombres que decían ser parientes lejanos de Pocahontas. Aunque Jefferson nunca permitió que los nativos americanos se elevaran al nivel del hombre blanco, empezó a creer que podían ser educados, especialmente cuando los arqueólogos de Ohio empezaron a descubrir montículos de nativos americanos y otros diseños con cuadrados y círculos, ya que Jefferson tuvo una

---

[68] Petrini, Andrea R. "The Enlightenment of Thomas Jefferson". https://elonuniversity.contentdm.oclc.org/digital/collection/p15446coll2/id/11/.

fascinación de toda la vida por la geometría[69].

Otra prueba de su respeto por los nativos americanos se encuentra en su libro *Notas del Estado de Virginia*, donde lamenta el asesinato de la familia del jefe mingo Logan a manos de colonos blancos[70]. Jefferson admiraba el discurso de Logan a lord Dunmore en el que decía que nunca se rendiría y «citaba la elocuencia de Logan como prueba de la sofisticación verbal de un pueblo sin letras»[71]. Y aunque Jefferson hablaba de los nativos americanos a la manera de «niños notables» y nunca tuvo un amigo nativo americano, seguía creyendo, no obstante, que tenían un nivel «intermedio por encima de la raza de los negros», aunque seguían siendo «en razón muy inferiores a los blancos» e incapaces «de trazar y comprender las investigaciones de Euclides»[72].

Al estudiar las ideas de Thomas Jefferson sobre la cuestión del traslado de los nativos americanos, en la que solo participó teóricamente, obtenemos otra visión de lo que ocurría en las décadas anteriores a la Ley de Traslado Forzoso de Indios de 1830. El «programa de civilización» de Jefferson se basaba en la firma de tratados mediante los cuales esperaba que los nativos americanos vendieran sus tierras para dejar sitio a los colonos blancos, con la esperanza de que los tratados los convirtieran en leales a Estados Unidos y no a Francia o Gran Bretaña.

La esperanza de Jefferson era que los nativos americanos vendieran sus tierras, liberando sus cotos de caza en los que los colonos blancos podrían construir sus hogares. Sin sus tierras, se endeudarían aún más, lo que los obligaría a vender más tierras. En una carta algo contradictoria dirigida a William Henry Harrison en relación con la Compra de Luisiana, Jefferson animaba a vender bienes a los nativos mediante un plan de crédito, con la esperanza de satisfacer a los colonos blancos y estimular al mismo tiempo la ilustración de los nativos americanos. Se desconoce en qué sería útil endeudarlos; parece una dudosa forma de engaño que también estaba implícita en muchos de los tratados.

---

[69] Kennedy, Roger. "Jefferson and the Indians". *The University of Chicago Press, Vol. 27, nº 2/3*. (1992). https://www.jstor.org/stable/1181368.
[70] Jefferson, Thomas. Notes on the State of Virginia. University of North Carolina, 1982 (publicado originalmente en 1785). https://www.jstor.org/stable/10.5149/9780807899809_jefferson.
[71] Kennedy, Roger. "Jefferson and the Indians".
[72] Ibid.

Aun así, Jefferson esperaba que los nativos americanos «iluminados» pudieran convertirse en pacíficos agricultores que se asimilaran a la sociedad blanca. Pero, una vez más, recordamos el abrumador número de emigrantes blancos procedentes de Europa y el frenético empuje hacia el oeste que acabó por desbordar el «programa de civilización» de Jefferson y la supuesta «iluminación» de las tribus nativas americanas. Estos problemas no harían sino agravarse, desconcertando y atormentando al presidente William Henry Harrison y a quienes lo siguieron.

Elias Boudinot

Elias Boudinot
https://commons.wikimedia.org/wiki/File:Elias_Boudinot_(1802%E2%80%931839).jpg

Elias Boudinot fue un cheroqui nacido en Oothcaloga, Nación Cheroqui, en Calhoun, Georgia, en 1802. Su nombre de nacimiento era Gallegina Watie, pero era conocido como Buck Watie antes de cambiar su nombre. Después de completar sus estudios en una escuela local de misioneros moravos, Boudinot fue enviado a Cornwall, Connecticut, para observar una reunión de la Junta Americana de Comisionados para Misiones Extranjeras, donde el objetivo era formar misioneros para difundir el cristianismo y la cultura europea entre los jóvenes nativos americanos.

En 1820, se había convertido al cristianismo tras inspirarse en su encuentro con un congresista de Nueva Jersey llamado Elias Boudinot, que también era presidente de la Sociedad Bíblica Americana. El joven nativo americano quedó tan impresionado por Elias Boudinot que adoptó su nombre. En 1824, el joven Boudinot ayudó a traducir el Nuevo Testamento al cheroqui utilizando el sistema de símbolos desarrollado por un erudito llamado Sequoyah, un cheroqui erudito que estudió durante doce años y finalmente desarrolló la lengua cheroqui en 1821.

Aunque Boudinot vivió en una época de prejuicios raciales, se casó con una mujer blanca, tras lo cual fueron quemados en efigie. Se vieron obligados a regresar a Nueva Echota.

En 1828, Boudinot publicó el primer periódico nativo americano, el *Cheroqui Phoenix*, que utilizaba el silabario de la lengua cheroqui desarrollado por Sequoyah. Escribió muchos artículos en contra de la expulsión de los nativos americanos. Escribía a favor de la aculturación, lo que tiene sentido dada su conversión al cristianismo y su escolarización.

Con la Ley de Traslado Forzoso de Indios de 1830, Boudinot cambió sus opiniones sobre la aculturación y empezó a escribir a favor del traslado de los nativos americanos, llegando incluso a atacar al jefe cheroqui John Ross, que se oponía al traslado de los cheroquis. Las opiniones de Boudinot lo llevaron a entrar en conflicto con la mayoría de la tribu, ya que muchos se resistían a la idea de trasladarse al oeste del río Misisipi. Boudinot creía que el traslado era inevitable. Tenía claro que Jackson no daría marcha atrás, por lo que sería mejor para los cheroquis conseguir las mejores condiciones para ellos.

En 1835, Boudinot y otros firmaron el Tratado de Nueva Echota, que establecía que todos los cheroquis se trasladarían a Oklahoma. Como hemos comentado anteriormente, este tratado no se firmó con la aprobación del jefe John Ross. De hecho, la mayoría de los cheroquis no estaban de acuerdo con el tratado.

Antes de que Boudinot pudiera trasladarse al oeste, fue apuñalado hasta la muerte frente a su casa. No fue el único en ser atacado. Su primo, John Ridge, y su tío, Major Ridge, fueron vistos como traidores a la Nación Cheroqui. Todos fueron asesinados el mismo día; se desconoce quién autorizó los asesinatos. El hermano menor de Boudinot, Stand Watie, también fue atacado, pero sobrevivió. Creyó que John Ross estaba detrás, pero Ross afirmó no tener nada que ver. Stand Watie llegó a ser general confederado. En 1959, Boudinot ingresó en el Salón de la Fama de los Periódicos de Georgia.

Jefe John Ross

Una fotografía del Jefe John Ross
https://commons.wikimedia.org/wiki/File:John_Ross_of_the_Cherokee.jpg

John Ross, jefe principal de la tribu cheroqui de 1828 a 1866, condujo a los cheroquis, los ayudó en sus batallas legales contra las autoridades y los guio hacia el oeste, hasta Oklahoma[73]. Nacido de madre cheroqui y posiblemente de padre escocés, Ross conoció la cultura cheroqui gracias a su abuela y a su madre. Más tarde luchó con el ejército estadounidense contra los Palo Rojos (una facción de los creeks) tras la masacre de Fort Mims, Alabama.

En los años siguientes, Ross ayudó a los cheroquis a formar un consejo, viajó a Washington para argumentar en contra de la persecución y expulsión de los cheroquis y ayudó a construir una nueva capital cheroqui llamada Nueva Echota, en el condado de Gordon, al noroeste de Georgia.

---

[73] Watts, Jennifer. "John Ross: Principal Chief of the Cherokee People". https://tnmuseum.org/junior-curators/posts/john-ross-principal-chief-of-the-cherokee-people?locale=en_us.

En 1828, Ross fue elegido jefe principal de los cheroquis. Más tarde ayudó al intendente Sidney Jesup a negociar con los seminolas en Florida y posteriormente se opuso al Tratado de Nueva Echota en 1835.

Tras perder la batalla para anular el tratado, los cheroquis restantes iniciaron el largo viaje a Oklahoma en 1838 bajo la dirección del general Winfield Scott. Cuando llegaron a Oklahoma, John Ross colaboró en la construcción de una nueva capital llamada Tahlequah, junto con muchos edificios públicos y escuelas.

Osceola

Osceola
https://commons.wikimedia.org/wiki/File:George_Catlin_-_Os-ce-o-l%C3%A1,_The_Black_Drink,_a_Warrior_of_Great_Distinction_-_1985.66.301_-_Smithsonian_American_Art_Museum.jpg

Osceola fue un líder seminola nacido en Georgia en 1804. Luchó en la segunda guerra Seminola en 1835, cuando el general Andrew Jackson fue enviado para capturar a las tribus y expulsarlas por la fuerza de Florida hacia el oeste. Se opuso al Tratado de Payne's Landing (1832), ya que no estaba de acuerdo con los miembros de la tribu que querían emigrar de Florida. En su ira, asesinó al jefe Charley Emathla, que había aceptado el tratado, y al agente indio estadounidense Wiley Thompson. Osceola estaba disgustado con el trato que le daba Thompson. Este, por su parte, arrestó a Osceola por desagradable y, para conseguir su liberación, Osceola tuvo que firmar el Tratado de Payne's Landing.

Durante los años siguientes, Osceola y sus guerreros se adentraron cada vez más en los pantanos, eludiendo a las tropas estadounidenses y utilizando tácticas de guerrilla y ataques por sorpresa para asestar golpes decisivos a los soldados norteamericanos. Finalmente, en 1837, él y sus seguidores fueron convocados bajo bandera de tregua a Fort Peyton, cerca de San Agustín, para reunirse con el general Sidney Jesup. Sin embargo, era una trampa. Osceola fue capturado, aunque la mayoría de los demás pudieron escapar a los pantanos.

John Horse

John Horse fue un subjefe seminola. Era un seminola afroamericano de ascendencia española. Para muchos, John Horse era un guerrero valiente. Anteriormente había servido como oficial en el ejército mexicano, donde defendió los asentamientos de negros libres, y más tarde luchó con Osceola contra el ejército estadounidense en Florida. Luchó en la segunda guerra Seminola y colaboró estrechamente con Coacoochee.

Coacoochee

Coacoochee, también conocido como Gato Salvaje (Wild Cat), fue otro importante jefe seminola. Además de luchar en la segunda guerra Seminola, era respetado como seminola de alto rango y por ello ocupó muchos cargos en la comunidad seminola antes y después de la guerra.

Tras años escondiéndose en los pantanos y llevando a cabo ataques de guerrilla contra los soldados estadounidenses, se reunió con William Tecumseh Sherman cerca de Fort Pierce en 1841. Para entonces, Osceola había muerto y el padre de Coacoochee también había fallecido mientras viajaba hacia el oeste. Coacoochee aceptó ser llevado a Fort Gibson en Oklahoma.

Sin embargo, Coacoochee no estaba contento con la vida en la reserva. Se marchó en 1849 y se reunió con John Horse. Ambos pasaron los años siguientes con una tribu kickapoo y defendieron la frontera mexicana de los nativos americanos hostiles. Mientras actuaba como supuesto pacificador entre varias tribus, viajó entre México y Texas mientras intentaba en secreto construir una confederación de nativos americanos. En 1857 murió en una epidemia de viruela en México.

Micanopy

Micanopy fue otro jefe seminola que luchó junto a Osceola, Holata Micco (Billy Bowlegs) y Coacoochee (Gato Salvaje), conocido como

Gato del Monte por los mexicanos.

Micanopy nació alrededor de 1780 cerca de San Agustín, Florida, y era conocido como el «Jefe de Jefes», aunque no se convertiría en jefe principal hasta que tuvo casi cuarenta años.

Como otros seminolas de alto rango, empleaba a antiguos esclavos para cuidar sus tierras. Se cree que Micanopy llegó a emplear a más de cien esclavos fugitivos. Y como otros seminolas, Micanopy no veía a los negros como inferiores. Incluso fomentó los matrimonios mixtos entre seminolas y afroamericanos.

Micanopy apoyó a Osceola en su rechazo al Tratado de Payne's Landing y lideró a los guerreros que aniquilaron al general Francis Dade y sus tropas cuando lo persiguieron hasta los pantanos. La masacre de Dade dio inicio a la segunda guerra Seminola.

En 1837, se creía que Micanopy se reunía con el general Thomas Jesup bajo bandera de tregua, pero Jesup lo traicionó y capturó, junto con Osceola. Fue encarcelado en Charleston, Carolina del Sur, y murió poco después de ser deportado al Territorio Indio. Murió en Fort Gibson en 1849.

Jefe seminola John Jumper (Heneha Mekko)

Una fotografía de John Jumper
https://commons.wikimedia.org/wiki/File:John_Jumper.jpg

John Jumper era sobrino de Micanopy. Era ministro baptista y se convirtió en jefe seminola en 1849. Como los seminolas tenían un sistema de parentesco matrilineal, tras la muerte de Micanopy, el cargo de jefe pasó a los hijos de su hermana, primero James (Jim) Jumper y luego John. Antes de que esto ocurriera, John Jumper luchó en la segunda guerra Seminola, liderando a doscientos guerreros contra los más de cien soldados dirigidos por el mayor del ejército estadounidense Francis Dade, que fue enviado a los pantanos para capturar a los seminolas. Las tropas de Dade cayeron en la trampa tendida por Jumper. Dade y sus hombres se encontraban a cuarenta millas de su destino previsto, Fort King. La mayoría cayó en la batalla.

El historiador Frank Laumer dice que los seminolas «cometieron un terrible error al atacar al ejército estadounidense a plena luz del día». Dice además que «fue una afrenta que simplemente no podía nacer según el sistema de honor de la época». Este insulto al ejército estadounidense les hizo estar más decididos a capturar a los seminolas restantes. Laumer cree que, si esta matanza no hubiera tenido lugar, los seminolas podrían haber permanecido en sus tierras de Florida, ya que era un lugar que nadie quería. Escribe sobre Florida diciendo que era «un lugar pestilente, lleno de caimanes e indios. La gente lo calificaba como el lugar más miserable que jamás habían visto»[74].

John Jumper fue finalmente capturado. Fue enviado a Territorio Indio, pero más tarde regresó a Florida para convencer a los seminolas que quedaban de que se trasladaran a Oklahoma. Sin embargo, no tuvo éxito, ya que los seminolas restantes se adentraron más en los Everglades.

En 1861, John Jumper estableció una alianza entre los seminolas y los Estados Confederados de América. Recibió el rango de mayor y, más tarde, de teniente coronel. Tras la guerra, se convirtió en ministro baptista. Murió en su casa cerca de Wewoka, Oklahoma, en 1896.

Abraham

Abraham era un esclavo nacido a finales del siglo XVIII en Georgia o Florida, y trabajaba para un médico llamado Doctor Sierra en el norte de Florida. Su oportunidad de libertad surgió cuando un oficial británico prometió la libertad a los esclavos que se ofrecieran voluntarios para luchar con los británicos en la guerra de 1812 contra los

---

[74] Warren, Michael. "Dade's Massacre Reenacts Start of Second Seminole War". https://floridatraveler.com/dades-massacre-recalls-seminole-history/.

estadounidenses.

En 1814, Abraham trabajaba en la construcción de un fuerte en Prospect Bluff, un fuerte británico que pronto se convertiría en lugar de refugio para los esclavos fugitivos de las Carolinas y Georgia. Habiendo pasado su vida en las tierras salvajes de Florida, Abraham se había aculturado con el pueblo seminola y encontró una causa común en su lucha por la libertad contra el gobierno estadounidense.

Abraham se convirtió rápidamente en un líder, y se adaptó con rapidez a las costumbres y el idioma de los seminolas. En poco tiempo se lo consideró un guerrero, y lo llamaron «Guerrero de Suwanee» por su defensa del pueblo del mismo nombre.

Ya en 1813, fundó el pueblo seminola negro de Pilaklikaha, también conocido como Abraham's Town, donde fue aceptado como miembro de la nación seminola. Antes de la primera guerra Seminola (1817-1818), Abraham vivía en Fort Prospect, también conocido como Negro Fort, en el río Apalachicola con trescientos esclavos fugitivos y Palo Rojos que habían huido al sur de los avances del general Andrew Jackson. Cuando los plantadores sureños consideraron una amenaza los asentamientos seminolas a lo largo del río Apalachicola, Jackson ordenó destruir el fuerte. Los supervivientes, entre los que se encontraba Abraham, escaparon al puesto británico de Prospect Bluff.

En 1815, el mayor irlandés Edward Nicholls, que estaba al mando, se marchó a Inglaterra, dejando a los guerreros de Palo Rojo supervivientes y a los esclavos fugados con la mayor parte de la munición y la artillería. Un negro llamado Garcon (algunos dicen que era un jefe) comandaba el fuerte junto con un jefe choctaw sin nombre. Invitaron a los esclavos fugitivos a instalarse en el fuerte, que les ofrecía protección. Pronto, su asentamiento se extendió cincuenta millas. Al general Andrew Jackson le preocupaba que el fuerte siguiera creciendo, lo que haría casi imposible derribarlo.

En julio de 1816, las fuerzas de Jackson y los creeks cazadores de esclavos navegaron hacia el fuerte. El 27 de julio, un proyectil de cañonera cayó en el depósito de municiones del fuerte y prendió fuego al polvorín, provocando una explosión. Murieron más de trescientas personas y casi todas las que se encontraban en el fuerte resultaron heridas. Es importante señalar que no todos los que estaban dentro del fuerte eran soldados. También murieron mujeres y niños.

Los supervivientes, entre los que se encontraba Abraham, escaparon. Los creeks capturaron a Garcon y lo fusilaron. Le arrancaron la cabellera al jefe choctaw y lo apuñalaron hasta matarlo. Los esclavos supervivientes que no pudieron escapar fueron devueltos a sus dueños.

Más tarde, en la segunda guerra Seminola (1835-1842), Abraham sirvió como explorador e intérprete del jefe Micanopy. No se sabe mucho sobre la muerte de Abraham, pero sí que más tarde vivió en Bowlegs Town, en el río Suwannee, y que posteriormente se casó con la viuda de Billy Bowlegs.

General Thomas Sidney Jesup

Los seminolas fueron la última tribu de nativos americanos expulsada por la fuerza de sus tierras en Florida. A pesar de embarcarse en muchas campañas, Andrew Jackson no consiguió desalojar a los seminolas. En 1836, nombró al intendente Thomas Sidney Jesup, a quien consideraba un hombre de acción, para que se ocupara de los creeks que quedaban en Alabama y Georgia. Más tarde se le encomendó la tarea de expulsar de Florida a los seminolas que quedaban, incluidos los seminolas negros, los esclavos fugitivos que se habían unido a la nación seminola.

Jesup nació en el condado fronterizo de Berkeley, Virginia, en 1788. Su padre, el mayor James Edward Jesup, fue un oficial condecorado en la guerra de la Independencia. Se casó con una irlandesa llamada Ann O'Neill, hermana del coronel George Croghan, un hombre que recibió honores por sus acciones en la guerra de 1812 cuando defendió Fort Stephenson.

Jesup, de diecinueve años, se alistó en el ejército en 1808 y pronto recibió el honor de ser subteniente, a pesar de no tener experiencia. Debido a su diligencia como oficial, fue ascendido rápidamente a teniente primero. El hecho de haber crecido en una familia de militares y de haber vivido en la frontera, rodeado de nativos americanos hostiles, le permitió comprender lo que el ejército estaba haciendo mal en su lucha contra las tribus nativas.

En 1818, fue nombrado general de brigada e intendente y empezó a hacer planes para fuertes y puestos avanzados. También encontró formas de mejorar las condiciones y la moral de sus tropas. Durante la segunda guerra Seminola, se le encomendó el mando de las tropas estadounidenses en Florida, que se alinearon con las milicias estatales y los creeks amigos. Tenían órdenes de desplazar a los seminolas al oeste del río Misisipi.

Jesup veía a los esclavos fugitivos como la clave para capturar al jefe seminola Osceola, al líder seminola negro John Horse, a Micanopy y a su consejero e intérprete negro Abraham, a Alligator y a Coacoochee. Jesup sabía que los seminolas sentían un gran amor por los negros que pasaron a formar parte de la tribu. La mayoría de los esclavizados se convirtieron en granjeros de éxito; su única restricción era que tenían que pagar un tributo anual de parte de su cosecha a los seminolas. Jesup pensó que perturbando la economía seminola podría obligarles a rendirse. En una carta, escribió: «Esto, puede estar seguro, es un problema de negros, no una guerra india; y si no se acaba rápidamente, el sur sentirá sus efectos en su población esclava antes del final de la próxima temporada»[75].

General Jesup
https://commons.wikimedia.org/wiki/File:Thomas_Sidney_Jesup.jpg

En noviembre de 1836, el presidente Jackson nombró a Thomas Sidney Jesup para comandar las fuerzas estadounidenses en Florida. Fue el mediador con el Departamento de Guerra durante la segunda guerra Seminola. Las órdenes de Jesup eran desalojar a los nativos americanos de las orillas del río Withlacoochee en Florida y alejarlos de Fort King y Volusia, cerca del río St. Johns.

---

[75] "General Jesup". http://johnhorse.com/trail/02/c/01.htm .

Pero los escurridizos seminolas se escabulleron hacia los pantanos a medida que las tropas se acercaban. Lo único que Jesup consiguió en su primer ataque fue capturar un poblado en el arroyo Hatchee-Lustee, que estaba lleno de mujeres y niños que habían sido abandonados por los seminolas en retirada.

El siguiente intento de Jesup de capturar a los jefes seminolas y sus guerreros, que sumaban unos cuatro mil, fue en 1835, después de que Osceola atacara Fort King para matar a su odiado enemigo, el agente indio Wiley Thompson. Por la misma época, su consejero, Micanopy, llevó a cabo la masacre de Dade, en la que el mayor Dade fue atacado por unos doscientos guerreros. Se dice que el primer disparo de Micanopy mató a Dade, y que murieron algo más de cien soldados estadounidenses. Tres soldados sobrevivieron, aunque uno murió de sus heridas al día siguiente.

En 1837, Jesup cometió lo que se consideró un acto de traición contra los seminolas. Bajo una falsa bandera de tregua, convocó a varios jefes en San Agustín y consiguió capturar a Osceola y Micanopy, aunque Coacoochee (Gato Salvaje) y otros jefes escaparon. Incluso entonces, este acto se consideró cobarde y traicionero, lo que prestó apoyo a la causa seminola.

Tras fracasar en su intento de someter a los seminolas, Jesup fue herido en combate en 1838 y se vio obligado a retirarse, dejando al general Zachary Taylor la tarea de continuar la lucha.

Mayor Francis L. Dade

El comandante Francis Dade nació en Virginia en 1792 o 1793. Aunque no se sabe mucho de su infancia, sí sabemos que en algún momento se alistó en el ejército y luchó en la guerra de 1812. Recibió el mando de la Cuarta Unidad de Infantería en 1815, al comienzo de la segunda guerra Seminola. Realizó campañas militares en los pantanos situados entre Fort Brooke, en Tampa, y Fort King, en Ocala, en 1825 y 1826, persiguiendo a los escurridizos seminolas, que estaban decididos a resistirse a la reubicación.

En 1828, Dade fue ascendido a mayor después de servir como capitán durante diez años. Cuando los seminolas volvieron a llevar a cabo una sublevación, se le ordenó abandonar su base en Key West y marchar a Fort Brooke, dirigiendo a más de cien soldados en una campaña a través de los páramos para capturar a los seminolas, que estaban liderados por Osceola y Micanopy.

Como los seminolas habían destruido los puentes, Dade y sus hombres se vieron obligados a vadear los pantanos, donde quedaron empantanados. Los seminolas prepararon una emboscada en terreno más elevado. Se escondieron detrás de palmitos y otras plantas y árboles, y abrieron fuego contra las tropas que pasaban.

El mayor Dade fue supuestamente asesinado por Micanopy. De más de cien soldados, solo sobrevivieron tres, aunque uno murió más tarde a causa de sus heridas. La masacre fue obra de los seminolas, que habían tendido la trampa destruyendo puestos avanzados, líneas de suministro y plantaciones a lo largo de 1835.

Zachary Taylor

Una fotografía de Zachary Taylor
https://commons.wikimedia.org/wiki/File:Zachary_Taylor_restored_and_cropped.jpg

Zachary Taylor, duodécimo presidente de Estados Unidos, nació en 1784 en Virginia, en el seno de una rica familia propietaria de plantaciones, y pasó su infancia en Kentucky. Más tarde se alistó en el ejército y fue nombrado teniente primero en 1808. Compró una plantación en Louisville, Kentucky, donde poseía más de doscientos esclavos. Sin embargo, tenía poco interés en cultivar algodón y estaba más interesado en vigilar las fronteras contra la infiltración de nativos americanos.

Taylor pasó cerca de cuarenta años en el ejército, y la mayor parte de ese tiempo lo dedicó a luchar contra los nativos americanos. Luchó en la guerra mexicano-estadounidense para adquirir territorio para los esclavistas y se convirtió en un héroe tras sus victorias en Buena Vista y Monterrey, allanando el camino para un posible ataque a Ciudad de México. Luchó contra los Shawnee en la guerra de 1812, contra los resistentes Blackhawks en 1832 y en la segunda guerra Seminola en 1837. En la segunda guerra Seminola, utilizó sabuesos para rastrear a los seminolas que se escondían en los pantanos. En una carta de 1838, declaró: «Estoy a favor de [usar perros]... como único medio de librar al país de los indios... que se refugian en pantanos y mogotes... solo para averiguar dónde están, no para preocuparlos».

En diciembre de 1837, el general Taylor, junto con ochocientos soldados regulares, doscientos voluntarios y cincuenta guerreros delaware, libró la batalla del lago Okeechobee, la mayor y más sangrienta de la segunda guerra Seminola. Se enfrentaron a unos cuatrocientos seminolas y mikasukis en la orilla norte del lago.

El general Taylor ignoró los consejos de sus oficiales y utilizó las mismas tácticas fallidas que el general Robert E. Lee emplearía en Gettysburg. Taylor empleó un clásico asalto frontal europeo, con la esperanza de vencer con un golpe de gracia. Pero los guerreros escondidos en el bosque sorprendieron al ejército mientras vadeaban el fangoso pantano. Al final de la batalla, más de veinticinco soldados murieron y más de cien resultaron heridos. Alrededor de doce nativos americanos fueron encontrados muertos, y el resto escapó hacia el interior del pantano.

Ambos bandos se atribuyeron la victoria, aunque los seminolas obtuvieron la victoria táctica. El general Zachary Taylor fue declarado héroe y ascendido a general de brigada. En 1849, Taylor se convirtió en presidente.

Al final de la segunda guerra Seminola, se calcula que el gobierno estadounidense había gastado unos cuarenta millones de dólares, aunque nunca se sabrá con certeza el costo real. Se calcula que unos trescientos soldados estadounidenses murieron en combate. Los registros del ejército de EE. UU. tomaron cifras más firmes de los que murieron por enfermedad, señalando que 1.145 perecieron a causa de enfermedades como la viruela y el cólera.

A pesar de los elevados costos que tuvo que soportar el gobierno estadounidense, los seminolas nunca fueron totalmente expulsados de Florida. Sam Jones (Abiaka) declaró: «En Florida nací. En Florida, moriré. En Florida, mis huesos se marchitarán». Aunque muchos seminolas marcharon hacia el oeste, todavía hay seminolas que viven en reservas en Fort Lauderdale, Tampa e Immokalee.

Cuando Taylor fue elegido presidente en 1848, la fiebre del oro estaba en marcha y miles de mineros se abrían paso hacia el oeste. En pocos años, California se inundó de gente y se produjeron actos de violencia legalizados contra los nativos americanos de la zona.

William Tecumseh Sherman

Otro militar que desempeñó un papel en la época del Sendero de Lágrimas fue William Tecumseh Sherman, el general que utilizó tácticas de tierra quemada (en las que se destruye todo para que nadie pueda utilizar los recursos allí existentes) contra los ciudadanos de Georgia en la guerra de Secesión. Trazó un camino de destrucción hasta Savannah y asesinó a hombres, mujeres, niños, cosechas y animales.

Sherman nació en Ohio en 1820. Aproximadamente una década antes, el jefe shawnee Tecumseh forjó una alianza o confederación de nativos americanos en Ohio. El padre de Sherman quedó tan impresionado con el guerrero Tecumseh que bautizó a su hijo con su nombre. Su padre defendió el nombre dado a su hijo ante los críticos que querían saber por qué un niño debía llamarse como un «salvaje». El padre de Sherman respondió que, a sus ojos, «Tecumseh era un gran guerrero»[76].

Con toda probabilidad, de ahí le vino a su hijo su espíritu guerrero y la idea de emplear tácticas de tierra quemada, que Sherman utilizó contra los Estados Confederados de América y los indios de las llanuras cuando intentó expulsarlos de Misisipi. Sherman se lo dijo sin rodeos a los indios de las llanuras: «No podéis parar la locomotora como tampoco podéis parar el sol o la luna, y debéis someteros»[77].

Sus órdenes eran hacer sitio para el ferrocarril Transcontinental desplazando a los nativos americanos hacia el oeste, pero en el proceso, decidió masacrar su fuente de alimento. Sherman mató a cinco millones

---

[76] Andrews, Evans. "9 Things You May Not Know About Willian Tecumseh Sherman". *History* (2019). https://www.history.com/news/9-things-you-may-not-know-about-william-tecumseh-sherman.
[77] Ibid.

de búfalos para someter a los nativos y obligarlos a vivir en reservas.

En *The Real Lincoln*, se nos dice que el general Ulysses S. Grant ordenó a Sherman, comandante del ejército estadounidense en 1865, «llevar a cabo una campaña de genocidio étnico contra los indios de las llanuras para abrir paso a los ferrocarriles subvencionados por el gobierno». En 1866, Sherman escribió a Grant diciéndole: «No vamos a permitir que unos cuantos indios ladrones y harapientos pongan en jaque y detengan el progreso de los ferrocarriles». Al resumir la actitud de Sherman hacia los nativos americanos, DiLorenzo cita a Sherman. Al decir a sus tropas lo que debían hacer al atacar aldeas de nativos americanos, Sherman dijo que no debían «detenerse a distinguir entre hombres y mujeres, ni siquiera discriminar por la edad. Si se ofrece resistencia, hay que dar muerte»[78].

Sherman y el general Philip Sheridan, el general de la Unión que utilizó tácticas de tierra quemada en el valle de Shenandoah y pronunció la famosa frase: «Los únicos indios buenos que he visto estaban muertos», cometieron actos de asesinato y destrucción de propiedades bajo la dirección de Abraham Lincoln. Antes de la guerra de Secesión, Sherman luchó en la segunda guerra Seminola. Aunque Sherman expresó remordimientos por haber expulsado a los seminolas de Florida, sus opiniones eran similares a las de muchos otros en el país. Consideraba a los nativos americanos inferiores y un obstáculo para el progreso.

Para resumir este capítulo, parece apropiado citar a DiLorenzo sobre lo que ocurría entre bastidores mientras se ejercía la violencia contra los nativos americanos:

> «Tanto los confederados del sur como los indios se interponían en el camino del sueño Whig/Republicano de un imperio económico norteamericano con un ferrocarril transcontinental subvencionado, un sistema bancario nacionalizado y aranceles proteccionistas. En consecuencia, ambos grupos fueron conquistados y subyugados por los medios más violentos».

También señala la ironía de que cientos de ex esclavos llamados «soldados búfalo» lucharan con el ejército contra los nativos americanos, «infligiendo a otra raza de color la máxima inhumanidad: la muerte violenta o la existencia en campos de concentración en las reservas».

---

[78] DiLorenzo, Thomas. *The Real Lincoln: A New Look at Abraham Lincoln*. Crown Forum, 2003.

Aquí podemos ver la historia detrás de la historia que a menudo no se cuenta en los libros de historia[79].

---

[79] Ibid.

Capítulo 11: La expulsión de los nativos americanos: Cronología

Con todos los tumultuosos acontecimientos que tuvieron lugar tras el nacimiento de Estados Unidos, la tragedia que se abatió sobre los nativos americanos entre los siglos XVII y XIX, que culminó con el Sendero de Lágrimas, es sin duda una época importante en la historia de Estados Unidos. Al principio de nuestro viaje histórico nos planteamos la pregunta de si el desplazamiento de los nativos americanos era inevitable, y al examinar los acontecimientos que tuvieron lugar, uno debería poder llegar a sus propias conclusiones.

Las diversas tribus, en particular las Cinco Tribus Civilizadas, se fueron aculturando poco a poco, adaptándose de hecho a la cultura europea. La mayoría de las tribus pasaron de la caza a la agricultura y se convirtieron en prósperos agricultores y comerciantes. Unas se hicieron cristianas y otras se convirtieron en oficiales del ejército estadounidense y recibieron honores por sus esfuerzos. Nuestro objetivo aquí no es afirmar si la asimilación fue algo bueno o malo, sino señalar que la mayoría de las Cinco Tribus Civilizadas cambiaron para encajar en la sociedad estadounidense.

Pero a pesar de ello, los colonos avanzaron hacia el oeste, con el ejército estadounidense forjando un camino de destrucción que diezmó a los nativos americanos. Una vez más, no podemos dejar de observar el elemento de codicia en el alma humana; los especuladores estaban ávidos de tierras, los barones del ferrocarril ansiosos de beneficios y los buscadores de oro hambrientos de las riquezas del suelo del territorio de los nativos americanos. Incluso el gobierno estadounidense y la idea del destino manifiesto pueden considerarse codiciosos y hambrientos de más, y más, y más, ya se trate de tierras, recursos o cualquier otra cosa.

Así pues, antes de concluir este libro, refresquemos la memoria con una breve cronología de los principales tratados que se firmaron con los nativos americanos antes y poco después del Sendero de Lágrimas. Esta lista no es de ningún modo exhaustiva; pretende ser una breve guía que le ayude a conservar la información que ha leído a la vez que le presenta otros tratados que no encajaban del todo en el marco del tema.

Una de las razones por las que no podemos profundizar en todos los tratados es su gran número. Entre 1778 y 1871, los pueblos indígenas de toda Norteamérica firmaron unos 370 tratados con Estados Unidos, cada uno de ellos «basado en la idea fundamental de que cada tribu era una nación independiente, con su propio derecho a la autodeterminación y al autogobierno»[80]. Pero como hemos señalado varias veces en el texto, la expansión hacia el oeste de los colonos blancos condujo a la violación de la mayoría de estos tratados. Los colonos siguieron invadiendo las tierras de los nativos americanos, los especuladores fraudulentos concedieron tierras a varias tribus que ya las ocupaban y las compañías ferroviarias exigieron tierras para transportar personas y mercancías hacia el oeste.

A continuación, se resume la historia de los tratados que firmaron los nativos americanos:

- Tratado con los delawares o Tratado de Fort Pitt (1778)

    El primer tratado de paz formal entre Estados Unidos y los nativos americanos fue el Tratado de Fort Pitt. Fue firmado por los lenape (delaware). Se rompió en 1872 cuando la milicia de Pensilvania asesinó a cien lenape y obligó a la tribu a trasladarse al territorio de Ohio.

- Tratado de Fort Stanwix (1784)

    Este tratado otorgó a Estados Unidos la soberanía sobre todas las tierras de la Confederación iroquesa como castigo por su apoyo a los británicos en la guerra de la Independencia. La Confederación iroquesa se dividió al firmar el tratado y

---

[80] Pruitt, Sarah. "Broken Treaties with Native American Tribes: Timeline".
https://www.history.com/news/native-american-broken-treaties.

finalmente se vio obligada a reubicarse fuera de partes de Nueva York y Pensilvania.

- Tratado de Hopewell (1785-1786)

  Tres tratados fueron firmados por el general Andrew Pickins y los cheroqui, choctaw y chickasaw, ofreciendo amistad y protección tras la guerra de 1812. Fueron violados por la invasión de colonos en los años siguientes.

- Tratado de Canandaigua o Tratado de Pickering (1794)

  Los haudenosaunee (Seis Naciones), formados por los mohawk, cayuga, onondaga, seneca, oneida y tuscarora, firmaron este tratado con el gobierno estadounidense. El tratado devolvía un millón de acres que habían sido tomados en el Tratado de Fort Stanwix, pero el tratado fue revocado más tarde.

- Tratado de Greenville (1795)

  Los shawnee, delaware, miami y otras tribus se unieron para luchar contra los colonos. El general «loco» Anthony Wayne fue enviado para sofocar los disturbios y derrotó a las tribus en la batalla de los árboles caídos. Los nativos americanos se vieron obligados a ceder grandes extensiones de lo que hoy es Ohio, Michigan, Illinois y Wisconsin.

- Tratado con los sioux (1805)

  El general Zebulon Pike firmó un tratado no autorizado con los líderes dakota, intercambiando 100.000 acres por 200.000 dólares para construir fuertes y ferrocarriles. Solo firmaron dos de los siete líderes tribales. En lugar de dejarles los 200.000 dólares en que había valorado la tierra, Pike les dejó 200 dólares en regalos.

- Tratado de Fort Wayne (1809)

  Las tribus delaware, miami, eel river y potawatomi cedieron 2,5 millones de acres en Michigan, Ohio, Indiana e Illinois por dos centavos el acre. Posteriormente, el gobernador territorial William Henry Harrison rompió el tratado y comenzó a atacar a las tribus en el valle del Ohio.

- Tratado de Gante (1814)

  El Tratado de Gante se firmó entre Estados Unidos y Gran Bretaña y puso fin a la guerra de 1812.

- Tratado de Doak's Stand (1820)

  Se dijo que este tratado era de amistad entre los choctaw y el gobierno estadounidense. Sin embargo, Andrew Jackson utilizó amenazas para conseguir que los choctaw firmaran, insinuando que serían aniquilados si se negaban. Los choctaw aceptaron renunciar a la mitad de sus tierras a cambio de tierras en Arkansas y el pago de anualidades.

- Segundo Tratado de Indian Springs (1825)

  William McIntosh firmó este tratado con el gobierno estadounidense, acordando ceder todas las tierras creek al este del río Chattahoochee. El tratado estipulaba que los creeks se trasladarían al oeste del Misisipi.

- Ley de Traslado Forzoso de Indios (1830)

  Se prometió a los nativos americanos tierras al oeste del Misisipi si abandonaban las tierras del sur de Estados Unidos. La ley rompió los tratados que ya estaban en vigor, y los gobiernos estadounidense y estatales recurrieron al uso de la fuerza militar, el engaño o el fraude para conseguir que los nativos americanos se desplazaran hacia el oeste.

- Tratado de Dancing Rabbit Creek (1830)

  El Tratado de Dancing Rabbit Creek fue el último gran tratado de cesión de tierras firmado por los choctaw. Fue el primer tratado de traslado de nativos americanos tras la aprobación de la Ley de Traslado Forzoso de Indios. Los choctaw renunciaron a once millones de acres en Misisipi a cambio de quince millones de acres de tierra en Oklahoma.

- Tratado de Moultrie Creek (1832)

  Este tratado estableció una reserva para varias tribus seminolas en el centro de la península de Florida si accedían a ceder todas las demás reclamaciones de tierras, y a capturar y devolver esclavos fugitivos.

- Tratado de Payne's Landing (1832)

  Este tratado fue negociado por James Gadsen y exigía que los seminolas del centro de Florida se trasladaran al oeste del Misisipi. Aunque el tratado fue firmado por varios jefes prominentes, la mayoría fueron coaccionados a firmar. Los seminolas continuaron resistiéndose, lo que condujo a la segunda guerra Seminola.

- Tratado de Nueva Echota (1835)

  Un pequeño grupo de cheroquis firmó este tratado, acordando trasladarse al oeste del Misisipi por cinco millones de dólares. La mayoría de los cheroquis afirmaron que el tratado era un fraude, pero el Congreso lo ratificó en 1836. El gobierno estadounidense lo utilizó como motivo para expulsar a los cheroquis. Estos se vieron obligados a marchar miles de kilómetros hasta Arkansas y más allá, y unos cuatro mil murieron por el camino.

- Tratado con los potawatomi (1836)

  Este tratado garantizaba la seguridad de los potawatomi en sus reservas de Indiana, pero pronto se vieron obligados a vender las tierras por catorce mil dólares y empujados hacia el oeste. Cuarenta de ellos murieron por el camino.

- Tratado de Fort Laramie (1851)

  Este tratado definió el territorio de la Gran Nación Sioux de los Dakota y los Lakota (Teton Sioux), que vivían en Dakota del Norte, Dakota del Sur, Montana, Nebraska y Wyoming. El gobierno estadounidense no reclamó ninguna parte de sus tierras. En su lugar, solicitaron protección para los colonos que viajaban por la ruta de Oregón y permiso para construir carreteras y fuertes.

- Tratado de Traverse des Sioux y Mendota (1851)

  Temiendo por su seguridad debido a la invasión de colonos, los dakota y los mendota cedieron millones de acres a cambio de reservas y 1.665.000 dólares, lo que equivale a unos siete céntimos por acre. No recibieron ni lo uno ni lo otro; en su lugar, el dinero se entregó a los comerciantes para pagar deudas, y la oferta de reserva fue revocada por el Senado estadounidense.

- Tratado de Washington (1855)

    Los ojibwa se vieron obligados a ceder las tierras que les quedaban a cambio de dos reservas en las que se les asignó propiedad privada. Con este tratado, el gobierno estadounidense pretendía destruir las leyes comunales tribales relacionadas con la tierra. También se obligó a los ojibwa a convertirse en agricultores, pero se les permitió seguir sus tradiciones de caza, pesca y recolección.

- Tratado de Medicine Lodge (1867)

    Tras la guerra de Secesión, los líderes de las tribus de las llanuras se reunieron con el gobierno estadounidense para negociar un tratado que protegiera a su pueblo de la violencia de los colonos. Había dos reservas, una para los comanches y kiowas y otra para los cheyenes y arapajó, pero las tribus nunca firmaron el tratado. El Congreso lo ratificó y luego redujo el tamaño de las reservas, retuvo los pagos e impidió la caza.

- Tratado de Fort Laramie (1868)

    Este tratado estableció la Gran Reserva Sioux (ahora llamada Reserva de Standing Rock) para las naciones Dakota, Lakota y Nakota, junto con los arapajó. Protegía las Colinas Negras y comprendía toda Dakota del Sur al oeste del río Misuri. El tratado fue violado en 1874, cuando se descubrió oro en las Colinas Negras, tras lo cual se concedieron derechos de minería a los colonos blancos. Las disputas continúan a día de hoy por el oleoducto Dakota Access, que se construye en la reserva de Standing Rock.

Aunque hay muchos otros tratados y acontecimientos que podrían incluirse, esta cronología nos ofrece una visión clara del impulso de Estados Unidos para expandirse hacia el oeste a través de la idea del destino manifiesto. Estudiando esta cronología, podemos ver cómo los nativos americanos se interpusieron en el camino de lo que hoy se denomina progreso. Por otro lado, también podemos ver con qué frecuencia el gobierno estadounidense violó los tratados para su propio beneficio y el de los colonos que buscaban más tierras.

Si tuviéramos que profundizar en todos los tratados que el gobierno estadounidense violó con los pueblos indígenas de Norteamérica y en la violencia resultante de estos actos, necesitaríamos al menos un libro más, por no decir más. Con esta breve cronología, podemos reflexionar sobre los hechos expuestos por John Bowes en su erudito ensayo «American Indian Removal Beyond the Indian Removal Act» (El traslado de los indios americanos más allá de la Ley de Traslado Forzoso de los Indios), que nos ofrece una visión más amplia de la expulsión de los indígenas norteamericanos de sus tierras ancestrales. Bowes señala que concentrarse en el discurso de la Ley de Traslado Forzoso de Indios de 1830, «que está impregnado del lenguaje de la autoridad constitucional, la civilización frente al salvajismo, los derechos de propiedad, los derechos de los estados, la soberanía tribal y la jurisdicción gubernamental», lleva a los historiadores a ignorar el panorama más amplio del traslado de los nativos americanos de la costa este y el valle del Ohio[81].

Por ejemplo, habla de los delaware, que se vieron obligados a ceder partes de Nueva York y Pensilvania, y de los potawatomi, que fueron expulsados del valle del Ohio por colonos franceses, holandeses e ingleses. En un espectro más amplio, Bowes sostiene que la historiografía de la expulsión de los nativos americanos se centra en el «*imperium* [construcción del imperio] durante la era de Jackson» e ignora el hecho de que los estadounidenses estaban «decididos a expandirse geográfica y económicamente» al tiempo que «imponían una voluntad ajena a los pueblos sometidos y exigían sus recursos». En otras palabras, la trágica historia de los nativos americanos no debe limitarse solo al Sendero de Lágrimas o a las tribus que vivían en el sureste de Estados Unidos.

Comparable a la difícil situación de los cheroquis, el «Sendero de Lágrimas de los delaware» fue en muchos aspectos peor. No solo se vieron obligados a marchar de sus hogares, sino que también huyeron por miedo a la violencia militar que se desarrollaba a su alrededor, como la guerra de los Siete Años y la guerra de 1812. El sufrimiento de los delaware y los cheroqui fue instigado por ciudadanos blancos y reforzado por los gobiernos estatales con la aprobación implícita del gobierno federal.

Los delaware fueron empujados hacia el oeste y el sur en rápido movimiento a medida que se violaban los tratados de acuerdo con la

---

[81] Bowes, John P. "American Indian Removal beyond the Removal Act". *Native American and Indigenous Studies*, vol. 1, nº 1, 2014, pp. 65-87. *JSTOR*, https://doi.org/10.5749/natiindistudj.1.1.0065.

constante afluencia de colonos. Se los obligó a marchar después de marcar los tratados con una X, a lo que Bowes cita a Richard Lyons diciendo que la X era «un signo de consentimiento en un contexto de coacción»[82].

Los delaware fueron expulsados de la costa este hacia el valle del Ohio. En la década de 1790, seiscientos delaware vivían entre San Luis y Nuevo Madrid, ambos en Misuri. Entonces se vieron obligados a escapar a territorio español en Texas y México. Cuando México declaró su independencia, los colonos de Texas cometieron actos de violencia contra los delaware recién llegados, que se asentaron a orillas del río Rojo, en el norte de México. Los delaware no tenían un hogar permanente y los colonos los consideraban un estorbo.

Tras el Tratado de Greenville en 1795, los delaware se vieron obligados a desplazarse de nuevo, viajando cuatrocientas millas en canoa hasta el río White, en la cuenca del río Wabash, pasando por sus aldeas destruidas por el camino. Y una vez más, fueron expulsados cuando los colonos blancos inundaron el valle del Ohio y las orillas del río Misisipi tras la guerra de la Independencia. En 1822, se concedieron tres años para reubicar a los 2.500 delaware que quedaban en las misiones del suroeste, y finalmente acabaron con las tribus cheroqui y shawnee en Arkansas, donde entraron en conflicto con los osage.

Cuando las inundaciones de los Ozarks destruyeron sus campos de maíz y los cotos de caza no les proporcionaron alimentos suficientes, los delaware empezaron a darse cuenta de que les habían mentido. El jefe delaware Kikthawenund (también conocido como William Anderson) expresó con tristeza pensamientos que podrían aplicarse a la pesadilla vivida por todos los nativos americanos: «El hombre blanco reclama ahora nuestro país y exige que lo abandonemos. ¡Y ahora no sabemos qué hacer!»[83].

La idea de que el gobierno estadounidense perpetró un genocidio contra los nativos americanos es un argumento controvertido hoy en día. El término genocidio es relativamente nuevo, ya que solo existe desde 1944. Sin embargo, que el término sea nuevo no significa que las sociedades del pasado no buscaran voluntariamente exterminar a otras por diferencias percibidas. Nuestro objetivo aquí no es decantarnos por un bando u otro; más bien queremos que usted mismo pueda llegar a

---

[82] Ibid.
[83] Ibid.

una conclusión al tiempo que exponemos los argumentos de los historiadores.

Algunos expertos afirman que el gobierno estadounidense no pretendía exterminar a los nativos americanos, ya que muchos murieron a causa de enfermedades y conflictos que no siempre se iniciaron pensando en muertes a gran escala. Algunos conflictos comenzaron porque los nativos americanos habían cometido una masacre o planeaban entrar en guerra.

Sin embargo, otros historiadores sí creen que lo que ocurrió fue equivalente a un genocidio, y Bowes es uno de ellos. Algunos de estos historiadores sostienen que el genocidio se produce cuando hay colonización y expansión, ya que casi siempre se deja de lado a un grupo. Habría sido algo fácil para los políticos estadounidenses ignorar la difícil situación de los nativos americanos con tal de complacer a los ciudadanos del país que habían votado para que ocuparan puestos de poder (los nativos americanos no se convertirían en ciudadanos de Estados Unidos hasta 1924). La marcha forzada de las Cinco Tribus Civilizadas fue testigo de miles de muertes, muchas de las cuales probablemente podrían haberse evitado, aunque, con un viaje tan largo y el número de personas que viajaban, las muertes habrían sido inevitables.

E incluso si se admite que los colonos no buscaban voluntariamente exterminar a los nativos americanos, los historiadores señalan el genocidio cultural que tuvo lugar. Las Cinco Tribus Civilizadas son un excelente ejemplo de ello, ya que abandonaron muchas de sus formas tradicionales para asimilarse a la cultura angloamericana. Las escuelas misioneras que surgieron por todo el país también trataron de inculcar el cristianismo y la lengua inglesa a los niños, obligándolos a abandonar su lengua tradicional, su vestimenta y muchas otras cosas.

Independientemente de lo que se piense del argumento del genocidio, casi todo el mundo puede estar de acuerdo en que el Sendero de Lágrimas fue una época trágica en la historia de Estados Unidos.

Conclusión

El jefe Joseph, que llegó a ser jefe de la banda Wallowa de Nez Perce en la década de 1870, ofrece una cita que lo dice todo. «Creo que nos ahorraríamos muchos problemas y mucha sangre si abriéramos más nuestros corazones».

Una vez rotos la mayoría de los tratados con los indígenas y derrotadas o ignoradas sus batallas judiciales, no hubo forma de detener el avance hacia el Oeste de las fuerzas del crecimiento económico. Los defensores del destino manifiesto estaban decididos a aplastar cualquier cosa o persona que se interpusiera en el camino del progreso. Este choque de civilizaciones conllevó interminables discusiones sobre la soberanía y los derechos de los estados.

Si observamos la difícil situación de los asediados nativos americanos, podemos ver que la idea del destino manifiesto era una fuerza incontrolable que conducía al traslado de los nativos americanos a reservas controladas por el gobierno o a su extinción. Sin embargo, no podemos evitar preguntarnos de nuevo, ¿fue inevitable el Sendero de Lágrimas? ¿Podrían haberse evitado las muertes y el sufrimiento de tantos nativos americanos? Son preguntas difíciles de formular y es posible que ahora mismo no tenga respuestas para ellas. Pero lo animamos a que lea más sobre esta época de la historia para que saque sus propias conclusiones.

Epílogo

Hoy en día no oímos hablar mucho de los nativos americanos, a no ser que se trate de una noticia sobre una protesta por la construcción de un oleoducto en una reserva, una lucha por los derechos de caza, la polémica sobre un equipo deportivo que utiliza nativos americanos como mascota o una película en la que se los representa como salvajes. Los nativos americanos tienen la tasa de pobreza más alta entre las minorías, a pesar de los casinos que se les permite construir.

Los retos a los que se enfrentan los nativos americanos en la actualidad son la delincuencia, la educación, el derecho al voto, la salud mental y física, los problemas medioambientales relacionados con el cambio climático y la posible extinción de sus lenguas.

Más de quinientas tribus que actualmente están reguladas por el gobierno sufren «violencia espiritual y física, discriminación social y... son degradadas cuando se las estereotipa en los medios de comunicación»[84]. Desde la Gran Depresión, los nativos americanos no han podido compartir la prosperidad económica experimentada por la mayoría de la población estadounidense. Alrededor del 33% de los nativos americanos viven en la pobreza. Desde el censo de 2010, el nivel de pobreza entre las tribus ha aumentado hasta el 49 por ciento, y como resultado, 700.000 o un tercio de los nativos americanos de las reservas viven en la pobreza[85].

---

[84] "Native American Issues Today: Current Problems & Struggles 2022".
http://www.powwows.com/issues-and-problems-facing-native-americans-today.
[85] Ibid.

A continuación, se enumeran algunos de los problemas a los que se enfrentan actualmente:

- Falta de atención de urgencias y hospitales.
- Viviendas multigeneracionales, que pueden contagiar más rápidamente las enfermedades a otros miembros de la familia.
- Pérdida de empleos debido a la reciente pandemia.
- La muerte de muchos ancianos de las tribus en 2020, lo que conlleva la pérdida de conocimientos, lengua y conexiones con la historia.
- Violencia contra mujeres y niños; el 40% de las mujeres denuncian violaciones, acoso o violencia doméstica.
- Muchas reservas tienen una tasa de asesinatos diez veces superior a la media nacional.
- Un informe del Departamento de Justicia de 1990 mostraba que el 80% de los abusos físicos y violaciones de mujeres nativas americanas eran cometidos por personas no nativas.
- Numerosos casos denunciados de mujeres indígenas desaparecidas y asesinadas.

En relación con la crisis climática, muchas reservas tienen recursos valiosos que están siendo explotados, como gas, petróleo y madera, y algunas reservas contienen yacimientos de oro. Los indígenas han declarado que esta explotación está causando daños medioambientales a sus tierras. Por ello, muchos indígenas se han unido a grupos ecologistas y de justicia social para protestar contra los combustibles fósiles, la minería y la instalación de oleoductos cerca de las reservas.

Otros problemas notables son las altas tasas de abandono escolar, la baja asistencia a la universidad y las altas tasas de obesidad, VIH/SIDA y diabetes. El Servicio de Salud Indígena (IHS por sus siglas en inglés) carece de fondos suficientes, y la tasa de suicidios de nativos americanos de entre 10 y 34 años fue extremadamente alta en 2019.

Los indígenas estadounidenses tienen problemas para votar, ya que faltan colegios electorales. La necesidad de recorrer largas distancias para emitir su voto se ve dificultada por la falta de transporte. Las reservas no utilizan las direcciones tradicionales, lo que significa que sus documentos de identidad no siempre son reconocidos por las autoridades exteriores, pero con la aprobación de la Ley de Derecho al

Voto de los Nativos Americanos en 2021, se han solucionado algunos de estos problemas.

Solo sobreviven entre 150 y 170 lenguas nativas americanas, pero están en peligro de desaparecer. Se ha pronosticado que en 2050 solo quedarán veinte lenguas nativas americanas. Se esperaba que el Decenio Internacional de las Poblaciones Indígenas del Mundo proclamado por las Naciones Unidas llamara la atención sobre estos problemas.

En «Native American Life Today» (La vida actual de los nativos americanos), la Dra. Maria Yellow Horse Braveheart, una hunkpapa, Oglala Lakota, profesora de la Universidad de México, ha desarrollado una teoría del «duelo histórico no resuelto», o «una herida psicológica... tras la pérdida de vidas, tierras y aspectos vitales de la cultura». Habla de quinientos años de traumas debidos a persecuciones, reubicaciones y «variaciones de violencia física, mental, emocional y espiritual por parte de los emigrantes europeos que decidieron expandirse por el continente, diezmando de hecho las vidas de hombres, mujeres y niños nativos americanos»[86].

Según Yellow Horse, las cicatrices son mucho más profundas, sobre todo porque la discriminación continúa hoy en día. Este «trauma colectivo de grupo —como ella lo llama—, se transmite a nivel celular», lo que conlleva una mayor probabilidad de que los niños experimenten mayores niveles de estrés y la posibilidad de desarrollar enfermedades mentales y físicas.

Otro aspecto que tocaremos es la lucha por los derechos de propiedad de los nativos americanos, una batalla que continúa hoy en día. En Estados Unidos viven 6,7 millones de nativos americanos, de los cuales solo el 22% vive en reservas bajo un «fideicomiso federal». El resto vive en distintas partes del país. Un fideicomiso federal significa que el gobierno federal asume toda la responsabilidad de la gestión de las tierras. El gobierno actúa esencialmente como propietario legal o fideicomisario a través de los tratados celebrados entre las tribus y el gobierno federal. Los fideicomisos federales interfieren en los derechos de propiedad y las oportunidades económicas, lo que repercute negativamente en la vida de las reservas[87].

---

[86] "Native American Life Today: Understanding the Destruction". https://pages.nativehope.com/native-americans-today#chp1.
[87] Ibid.

Hay una cita destacada en *The Atlantic*, una revista estadounidense. Naomi Schafer Riley escribe: «Los indios llevan mucho tiempo sufriendo lo que el economista Hernando de Soto, ganador del Premio Nobel, ha llamado "capital muerto". Pueden poseer una cierta cantidad de tierra sobre el papel, pero no pueden ponerla en uso vendiéndola, comprando más para aprovechar la escala o pidiendo prestamos sobre ella»[88].

Así, desde una perspectiva histórica, podemos ver que, aunque mucho ha cambiado para los nativos americanos, aún queda mucho por avanzar. No tienen acceso a la riqueza contenida en sus tierras ancestrales, y la falta de progreso y actividad económica ha provocado continuos problemas en las reservas donde viven muchos de ellos. Estando al tanto de los acontecimientos actuales y leyendo más sobre temas históricos como el Sendero de Lágrimas, la gente puede darse cuenta de lo que hay que hacer para que todos desarrollen todo su potencial.

---

[88] Ibid.

Vea más libros escritos por Enthralling History

Bibliografía

"Abiaka (Seminole Indian Sam Jones) - One of the Greatest Medicine Men in History". https://worldprophesy.blogspot.com/2015/01/abiaka-one-of-greatest-medicine-men-seminole.html.

African American Registry (AAREG), "Billy Bowlegs, Seminole Chief". https://osceolahistory.org/billy-bowlegs-iii-ahead-of-his-time/.

"Andrew Jackson Leaves Office: Martin Van Buren Becomes President". (2014). Voice of America Multimedia Site. https://learningenglish.voanews.com/a/andrew-jackson-van-buren/1775693.html.

Andrews, Evans. "9 Things You May Not Know About Willian Tecumseh Sherman". History (2019). https://www.history.com/news/9-things-you-may-not-know-about-william-tecumseh-sherman.

Britannica, The Editors of Encyclopedia. "John Ross". Encyclopedia Britannica, 28 de julio de 2022, https://www.britannica.com/biography/John-Ross-chief-of-Cherokee-Nation. Consultado el 8 de septiembre de 2022.

Biography.com Editors. "Andrew Jackson Biography". A&E Networks. (2017). https://www.biography.com/us-president/andrew-jackson .

Boulware, Tyler. "Cherokee Indians". New Georgia Encyclopedia, 20 de enero de 2009, https://www.georgiaencyclopedia.org/articles/history-archaeology/cherokee-indians/ .

Bowes, John P. "American Indian Removal beyond the Removal Act". Native American and Indigenous Studies, vol. 1, no. 1, 2014, pp. 65–87. JSTOR, https://doi.org/10.5749/natiindistudj.1.1.0065 .

Braund, Kathryn. "Menawa". https://encyclopediaofalabama.org/article/menawa/

"Broken US-Indigenous Treaties: A Timeline".
https://stacker.com/stories/23887/broken-us-indigenous-treaties-timeline.

Bullman, James A. "William, McIntosh Creek Indian (Muskogean)".
https://www.unknownscottishhistory.com/pdf/William_McIntosh_Creek_Indian_(Muskogean).pdf.

Calloway, Colin. "George Washington Lived in an Indian World, but His Biographies Have Erased Native People".
https://longreads.com/2018/11/07/george-washington-lived-in-an-indian-world-but-his-biographies-have-erased-native-people.

Carlson, Leonard A., and Mark A. Roberts. "Indian Lands, Squatterism, and Slavery: Economic Interests and the Passage of the Indian Removal Act of 1830". Explorations in Economic History 43.3 (2006): 486-504. Web.
www.sciencedirect.com.ezproxy.liberty.edu.

Casebeer, Kenneth M. "Subaltern Voices in the Trail of Tears: Cognition and Resistance of the Cherokee Nation to Removal in Building American Empire". University of Miami School of Law.
https://repository.law.miami.edu/umrsjlr/vol4/iss1/2/.

Cave, Alfred A. "Abuse of Power: Andrew Jackson and the Indian Removal Act of 1830". The Historian, vol. 65, no. 6, 2003, pp. 1330-53. JSTOR,
http://www.jstor.org/stable/24452618.

"Cherokee Nation v. Georgia".
https://en.wikipedia.org/wiki/Cherokee_Nation_v._Georgia.

"Chickasaw Tribe: Facts, Clothes, Food and History".
https://www.warpaths2peacepipes.com/indian-tribes/chickaswa-tribe.htm.

"Chief Dragging Canoe". Video.
https://www.youtube.com/watch?v=vrSXzeIXU5M.

"Collision of Worlds".
https://www.semtribe.com/stof/history/CollisionofWorlds.

Davis, Ethan. "An Administrative Trail of Tears: Indian Removal". The American Journal of Legal History, vol. 50, no. 1, 2008, pp. 49-100. JSTOR,
http://www.jstor.org/stable/25664483.

"Davy Crockett on the Removal of the Cherokees, 1834".
https://www.gilderlehrman.org/history-resources/spotlight-primary-source/davy-crockett-removal-cherokees-1834.

DeRosier, Arthur H. "Andrew Jackson and the Negotiations for the Removal of the Choctaw Indians". The Historian, vol. 29, no. 3 (1967).
https://www.jstor.org/stable/24442605.

DiLorenzo, Thomas. The Real Lincoln: A New Look at Abraham Lincoln. Crown Forum, 2003.

"Early Choctaw History". https://www.nps.gov/natr/learn/historyculture/choctaw.htm.

Feller, Daniel. The Public Lands in Jacksonian Politics. Madison: University of Wisconsin Press.

Freeling, William. "John Tyler: The American Franchise". https://millercenter.org/president/tyler/the-american-franchise.

"General Jesup". http://johnhorse.com/trail/02/c/01.htm.

Genovese, Michael A. & Landry, Alysa. US Presidents and the Destruction of the Native American Nations (The Evolving American Presidency). Palgrave Macmillian, 2021.

Getchell, Michelle. "Indian Removal". Khan Academy. https://www.khanacademy.org/humanities/us-history/the-early-republic/age-of-jackson/a/indian-removal.

Grose, B. Donald. "Edwin Forrest, 'Metamora,' and the Indian Removal Act of 1830". Theatre Journal, vol. 37, no. 2, 1985, pp. 181-91. JSTOR, https://doi.org/10.2307/3207064.

Haveman, Christopher. "Creek Indian Removal". http://encyclopediaofalabama.org/article/h-2013.

Henig, Gerald S. "The Jacksonian Attitude Toward Abolitionism in the 1830s". Tennessee Historical Quarterly, vol. 28, no. 1, 1969, pp. 42-56. JSTOR, http://www.jstor.org/stable/42623057.

Hershberger, Mary. "Mobilizing Women, Anticipating Abolition: The Struggle against Indian Removal in the 1830s". The Journal of American History, vol. 86, no. 1, 1999, pp. 15-40. JSTOR, https://www.jstor.org/stable/2567405. Consultado el 7 de octubre de 2022.

Hickman, Kennedy. "American Revolution: Major General Anthony Wayne". ThoughtCo, 28 de Agosto de 2020, https://thoughtco.com/major-general-anthony-wayne-2360619.

Higginbotham, William. "Trail of Tears, Death Toll Myths Dispelled". The Oklahoman, 1988. https://www.oklahoman.com/story/news/1988/02/28/trail-of-tears-death-toll-myths-dispelled/62660437007/.

"History: Chickasaw Nation". https://www.chickasaw.net/our-nation/history.aspx.

Hryniewicki, Richard J. "The Creek Treaty of Washington, 1826". The Georgia Historical Quarterly, vol. 48, no. 4, 1964, pp. 425-41. JSTOR, http://www.jstor.org/stable/40578419. Consultado el 14 de octubre de 2022.

"Introduction". https://www.semtribe.com/stof/history/introduction.

Jefferson, Thomas. Notes on the State of Virginia. University of North Carolina, 1982 (originally published in 1785). https://www.jstor.org/stable/10.5149/9780807899809_jefferson.

Johansen, Bruce. "Jacksonian Indian Policy, 1818–1832". https://americanindian2-abc-clio-com.ezproxy.liberty.edu/Search/Display/2219984.

"John Ross: Principal Chief of the Cherokee People". https://tnmuseum.org/junior-curators/posts/john-ross-principal-chief-of-the-cherokee-people.

"Jumper, John (ca. 1820–1896)". The Encyclopedia of Oklahoma History and Culture. https://www.okhistory.org/publications/enc/entry?entry=JU002.

Keating, Jessica. "The Assimilation, Removal, and Elimination of American Indians". The McGraph Institute for Church Life, (2020). https://mcgrath.nd.edu/assets/390540/expert_guide_on_the_assimilation_removal_and_elimination_of_native_americans.pdf

Kennedy, Roger. "Jefferson and the Indians". The University of Chicago Press, Vol. 27, No. 2/3. (1992). https://www.jstor.org/stable/1181368.

Kievit, Joyce Ann. "Treaty of Dancing Rabbit Creek". The American Mosaic: The American Indian Experience. https://americanindian2-abc-clio-com.ezproxy.liberty.edu/Search/Display/1670319.

Knox, Henry. "To George Washington from Henry Knox". https://founders.archives.gov/documents/Washington/05-04-02-0353.

Landry, Alysa. "Martin Van Buren: The Force Behind the Trail of Tears". (2018). ICT. An Independent Nonprofit News Enterprise. https://indiancountrytoday.com/archive/martin-van-buren-the-force-behind-the-trail-of-tears.

Little, Becky. "How Boarding Schools Tried to 'Kill the Indian' Through Assimilation". History (2018): Web. https://www.history.com/news/how-boarding-schools-tried-to-kill-the-indian-through-assimilation.

Littlefield, Daniel F. "Cherokee Removal". The American Mosaic: The American Indian Experience. https://americanindian2-abc-clio-com.ezproxy.liberty.edu/Search/Display/1595705.

Marszalek, John F. "Sherman, William Tecumseh (1820-1891)". Encyclopedia of the Great Plains, (2011) University of Nebraska. http://plainshumanities.unl.edu/encyclopedia/doc/egp.war.043.

"May 28, 1830 CE: Indian Removal Act". https://education.nationalgeographic.org/resource/indian-removal-act.

McIver, Stuart. "Bring Me the Head of Osceola". Sun Sentinel. https://www.sun-sentinel.com/news/fl-xpm-1988-01-31-8801070155-story.html.

"Memorial of the Cherokee, 1829".

http://recordsofrights.org/records/39/memorial-of-the-cherokee.

"Native American History Timeline". https://www.history.com/topics/native-american-history/native-american-timeline.

"Native American Issues Today: Current Problems & Struggles 2022". http://www.powwows.com/issues-and-problems-facing-native-americans-today.

"Native American Life Today: Understanding the Destruction". https://pages.nativehope.com/native-americans-today#chp1.

"Native Americans". https://www.mountvernon.org/george-washington/native-americans/.

Niderost, Eric. "A Massacre of U.S. Soldiers Started the Second Seminole War". Warfare History Network, (2022) Vol. 22, No. 3. https://warfarehistorynetwork.com/article/a-massacre-of-u-s-soldiers-started-the-second-seminole-war/ .

Pauls, Elizabeth Prine. "Trail of Tears". Encyclopedia Britannica, 28 de marzo de 2022, https://www.britannica.com/event/Trail-of-Tears. Consultado el 24 de agosto de 2022.

Petrini, Andrea R. "The Enlightenment of Thomas Jefferson". https://elonuniversity.contentdm.oclc.org/digital/collection/p15446coll2/id/11/.

Pruitt, Sarah. "Broken Treaties with Native American Tribes: Timeline". https://www.history.com/news/native-american-broken-treaties.

Pulley, Angela. "Elias Boudinot". New Georgia Encyclopedia, 03 de septiembre de 2002, https://www.georgiaencyclopedia.org/articles/history-archaeology/elias-boudinot-ca-1804-1839/.

"Report of Henry Knox on the Northwestern Indians". https://pages.uoregon.edu/mjdennis/courses/hist469_Knox.htm.

"Seminole History". https://dos.myflorida.com/florida-facts/florida-history/seminole-history/

"The Creek War of 1836 in Alabama, Georgia, and Florida". https://exploresouthernhistory.com/secondcreekwar.html.

"The Muscogee (Creek) Nation – Legends of America". https://www.legendsofamerica.com/na-creek/.

"The Seminole Wars". https://seminolenationmuseum.org/history-seminole-nation-the-seminole-wars/

"The Trail of Tears: They Knew It Was Wrong". Video. https://youtu.be/qalhDKLrWEQ.

"Third Seminole War". https://www.u-s-history.com/pages/h1156.html.

"Trail of Tears: Creek Dissolution" (2002). https://www.liquisearch.com/trail_of_tears/creek_dissolution.

Warren, Michael. "Dade's Massacre Reenacts Start of Second Seminole War". https://floridatraveler.com/dades-massacre-recalls-seminole-history/.

Watts, Jennifer. "John Ross: Principal Chief of the Cherokee People". https://tnmuseum.org/junior-curators/posts/john-ross-principal-chief-of-the-cherokee-people?locale=en_us.

"Westward Expansion (1807-1912): Land Policy and Speculation". https://www.sparknotes.com/history/american/westwardexpansion/section2/.

www.ingramcontent.com/pod-product-compliance
Lightning Source LLC
Chambersburg PA
CBHW070339010526
44107CB00004B/558